商务英语写作及教学多维度创新探索

牛　敏/著

中国商务出版社
CHINA COMMERCE AND TRADE PRESS

图书在版编目（CIP）数据

商务英语写作及教学多维度创新探索 / 牛敏著 . —
北京 : 中国商务出版社 , 2021.10
　ISBN 978-7-5103-4051-2

　Ⅰ . ①商… Ⅱ . ①牛… Ⅲ . ①商务 – 英语 – 写作 – 教
学研究 – 高等学校 Ⅳ . ① F7

中国版本图书馆 CIP 数据核字（2021）第 211862 号

商务英语写作及教学多维度创新探索
SHANGWU YINGYU XIEZUO JI JIAOXUE DUOWEIDU CHUANGXIN TANSUO

牛　敏　著

出版发行　中国商务出版社

社　　　址　北京市东城区安定门外大街东后巷 28 号　邮政编码：100710

网　　　址　http://www.cctpress.com

电　　　话　010-64212247（总编室）　　010-64218072（事业部）
　　　　　　010-64208388（发行部）　　010-64515210（零　售）

排　　　版　北京亚吉飞数码科技有限公司

印　　　刷　北京亚吉飞数码科技有限公司

开　　　本　710 毫米 ×1000 毫米　1/16

印　　　张　10.75

版　　　次　2022 年 6 月第 1 版　　　　　印　　次　2022 年 6 月第 1 次印刷

字　　　数　170 千字　　　　　　　　　　定　　价　72.00 元

前　言

　　商务英语是一种为适应特殊商务活动应运而生的特殊产物。商务英语是指以服务与商业活动为目标,集实用性、专业性、目的性于一体的语言工具,包含众多商务活动的内容,比平常使用的英语更加适应商业需要。由于商务英语的涉及面非常广泛,所以商务英语在商务活动的使用中包含大量专业术语,形成了自身鲜明的语言特点。随着世界经济日益全球化的发展,中国与世界各国的交往日益频繁。随着我国对外贸易的不断向前发展,当前企业的电子商务也在不断发展壮大,迫切需要一大批熟练掌握外语、通晓商务知识、熟悉国际商务环境、善于跨文化交际的国际型商务人才。商务英语是我国涉外经济活动中的主要交际语言,在商务活动中起桥梁作用。人们必须了解商务英语的规律和特点才能进行有效沟通。对于涉外谈判工作人员、涉外企业管理人员和涉外工作者来说,熟悉商务英语相关专业知识、掌握商务英语语言特点、遵循商务英语沟通原则、研究商务英语沟通策略是应当具备的必要条件。鉴于此,作者在参阅大量相关著作文献的基础上,精心策划并撰写了《商务英语写作及教学多维度创新探索》一书。

　　本书共有八章。第一章作为全书开篇,对商务英语写作进行概述,如商务英语写作及其特点、原则、类型,以及商务英语写作的语篇特点、语言手法与技巧。第二章分析了跨文化维度下商务英语信函的写作,在分析商务英语信函语言特点的基础上,探讨了跨文化维度下商务英语信函写作的原则及要求、商务英语信函写作语篇特点、商务英语信函写作实践及范例。第三章探讨了跨文化维度下商务英语合同的写作,涉及商务英语合同的语言特点、写作原则及要求,以及商务英语合同写作语篇话语分析、写作实践、写作中的常见问题。第四章从跨文化维度分析了商务英语广告的写作,探讨了商务英语广告的语言特点、跨文化维度下商务英语广告的写作要求、商务英语广告写作的多模态分析、商务英语广告写作实践。第五章论述了跨文化维度下商务英语说明书的写作,包括商务英语说明书的语言特点、跨文化维度下商务英语说明书的写作原则及要求、商务英语说明书语篇布局及其话语分析、商务英语说明书写作实践、商务英语说明书常见问题分析。第六章研究了跨文化维度下商务英语其他文书的写作，如商务英语事务处理文书的写作、商务英语对外宣传文书的写作、商务英语业务磋商文书的写作等方面的内容。第七章从教学维度出发，分析了互联网维度下商务英语写作教学的创新模式。第八章为本书的最后一章，主要论述了多模态理论维度下商务英语写作教学。

总体而言，本书层次分明、结构合理、点面结合、详略得当。具体来说，本书在介绍各种商务英语文本写作的原则与策略之前，分析了不同商务英语文本的语言特点，内容综合性强，为之后对不同文本的写作原则和策略的剖析提供了一定的依据。另外，本书内容突出时代特色，实用性强，尽可能地涉及各种商务英语写作文本，如日常生活中常见的信函、合同、广告、说明书等。因此，本书具有很强的实用价值。

本书在撰写的过程中，参阅了大量有关商务英语写作的资料或文献，同时为了保证论述的全面性与合理性，本书也引用了许多专家、学者的观点。在此，谨向以上相关作者表示最诚挚的谢意，并将相关参考文献列于书后，如有遗漏，敬请谅解。此外，相关教学课程设计、教学模式、教学内容、教学实践及其效果和部分相关数据得益于课题"基于多模态理论的'商务英语写作'课程教学改革与实践"的成果和课题组成员教学实践中的多次共同探讨。本书在编写的过程中亦得到了出版社领导和编辑的大力支持。贵州民族大学外国语学院领导和同事为本书的编写提供了相关资料和实践数据，在此表示衷心的感谢。此书撰写期间正值作者在泰国西那瓦大学攻读博士学位之时，全球新冠肺炎疫情肆虐，在西那瓦大学导师们 Thawascha Dechsubha 教授、Saengchan Hemchua 教授和 Dhirawit Pinyonatthagam 教授的关心和指导下作者克服困难完成拙著。由于作者写作水平有限，书中难免存在疏漏之处，恳请广大读者不吝指正。

牛　敏

2021 年 6 月

目　录

第一章　商务英语写作概述

商务英语是全球经济发展的产物,它起始于 20 世纪 80 年代初,而在我国真正开始发展是在 20 世纪 90 年代以后。商务英语包括普通英语、商务特殊英语和商务专业的知识和技术,是三者的有机融合,其内涵和外延极为丰富和深广,在国际贸易沟通中发挥着越来越重要的作用。

第一节　商务英语及其特点

一、商务英语的概念

商务英语(Business English)是近年来使用频率非常高的一个词。但什么是商务英语? 商务英语包括哪些内容? 有什么特点? 对这些问题学界并无一个公认的、系统的阐述。

李明(2004)从语用学的角度对商务英语进行了探讨,认为商务英语是指以服务于商务活动内容为目标,集实用性、专业性和明确的目的性于一身,为广大从事国际商务活动的人们所认同和接受,并具有较强社会功能的一种英语变体。

张佐成(2005)从语域的角度出发对商务英语进行了界定,认为商务英语是在商务场合中,商务活动参与人为达到各自的商业目的,遵循行业惯例和程序并受社会文化因素影响,有选择地使用英语的词汇语法资源,运用语用策略,以书面或口头形式所进行的交际活动系统。

从以上的界定我们可以看出,商务英语是为国际商务活动服务的,是基于英语基本语法、句法结构和词汇,同时具有独特的语言现象和表现内容的专门用途的英语,它应该包括语言知识、交际技能、专业知识、管理技能和文化意识等核心内容。

二、商务英语的特点

作为专门用途英语的商务英语具有与普通英语不同的特点。在使用上有其独特性,主要表现在文体、语言和文化意识方面。商务文体是随着商品生产及贸易的发展而形成的一种独特的文体形式。商务英语文体不以语言的艺术美为其追求的目标,而是讲求逻辑的清晰和条理性、思维的准确严密以及结构的严谨性。

(一)风格朴实,明白易懂

商务英语一般风格朴实,明白易懂,淡于修饰,很少使用比喻、拟人、夸张等修辞手段,目的是提高实效性。商务英语避免使用陈旧笼统的商业术语或套语,而用简明的现代英语来表达。例如,不说"We are in receipt of ...",而用 "We have received ...";不说"Express my heartfelt gratitude to you for...",而用 "Thank you for..."。

(二)语句简洁明快,逻辑严密

简洁明快主要表现在商务信函中多使用简洁句、简短并列句和简短复合句。例如:

We are delighted to receive your letter of October 25 asking whether we can supply you with Art. No. 2032.

很高兴收到你方10月25日来函询问我方可否供应2032货号产品。

商务英语的逻辑严密性主要体现在商务合同等法律文件多用长句、复合句、并列复合句等法律公文常用句式,以及分隔现象、介词(短语)、插入语、倒装句、被动语态(过去分词)等特殊句型。

第二节　英语写作知识分析

一、写作的心理机制

写作既是行为过程,又是心理过程,是主观和客观相统一的精神生产过程,更是主体高度集中紧张的创造过程。只有了解了写作的心理机制,才能达到写作的基本要求。

(一)由视觉到运动觉

我们所说的心理机制,其实是从视觉到运动觉的过程,视觉活动则是书写训练的起点,当写作者要写作的时候会先通过观看书写规范,进而在大脑中形成对英文字母的明确印象,这个印象直接影响后续作者模仿的准确性、效率性,书写的过程就可以概括为观察—临摹—自主—熟练,模仿虽然具备鲜明的动觉型特征可又与视觉有无法分割的联系。

(二)书写技巧动型化

由一个动作引起另一个动作的这种具有连贯性的书写技巧,我们称为书写技巧动型化,这种书写过程是自动化的,并且有起有落,达成了高度的熟练化,想掌握基本的写作,必须在这一层面达到基本的要求。动型化书写技巧的应用从字母、标点扩大到词汇句子,表现为一个字母的书写引起下一个字母的书写,一个单词的书写引起下一个单词的书写,在这个过程中不会涉及动脑想象这个字母、这个单词的拼写情况,是一个连贯的动作,会大大提高书写的速度。

(三)联想性的构思能力

联想性的构思,顾名思义是说能够反映出人对各种事务或者现象之间关系的一种认识,比如因果的关系、种属的关系、空间的关系、时间的关系、层次的关系等,是写作心理机制的关键所在,是一种具体的思维方式。无论任何文章,写作时都离不开观察、思维、想象、联想,想要增强写作者对英语上下文关联的感觉就需要这种联想性构思,也就达到了让文章中的词语、句子与题目、中心故事情节环环相扣彼此相连,不再是单独的部分。

(四)演进式的表达技能

所谓演进式表达技能,是指将思维定式、想象层次、言语连贯等融合为一体,使写作者的写作条理清晰且迅速。它是联想性构思能力的一种具体表现。

二、写作的前期准备

(一)找到写作动机

1. 动机的含义

动机是推动人从事某种活动,并朝一个方向前进的内部动力。它是一种内部心理过程,不能直接观察,但是可以通过任务选择、努力程度、活动的坚持性和言语表示等行为进行推断。写作动机是指驱使写作者投入创作活动的内在动力,具有自发性与自觉性。它可以是为了表达自己的情感,或者是想要与别人分享自己的一些资源,抑或是希望自己的观点获得别人的支持。

2. 写作动机的作用

动机对人类的行为有着非常重要的作用,要想进行写作,先决条件是要产生动机,写作动机一旦发生,就会促进和推动写作行为的进行。具体来说,动机在写作中有以下的作用。

(1)动机引发写作

一般而言,写作总是有一定目的,是由一定的动机所引起的,没有动机也就没有写作。动机是写作的原动力,它对写作这一活动起着始动作用。动机是需要的动态体现,所以说任何写作总是带有动机的。正是在某种或几种动机的推动下,才促使人们拿起笔进行写作。

(2)动机激励写作

动机对写作具有维持和加强作用,强化写作行为以达到目的。不同性质和强度的动机,对写作的激励作用是不同的,动机强比动机弱具有更大的激励作用。动机强度对写作活动的唤起、维持、强化和调节作用影响很大。在写作过程中,动机总是非常顽强地控制着我们按既定目标前进,激励我们完成写作。

(二)使用计划策略

写作过程就好比是足球教练在比赛前针对对方球队的特点与出场情况提出对策。不论是完成创作,还是为了应付任务,写作者都应该有一个一般的"对策"。成功的写作者并不只是听课、作笔记和等待他人布置测查的材料。他们会预测完成写作需要多长时间,在写作前获取相关信息,以及使用其他各种方法。换句话说,成功的写作者是一个积极的而不是被动的写作者。所以在写作时,作者要学会使用一些策略去评估自己的理解、预计写作时间、选择有效的计划来学习解决问题,以及如何去改正自己。此外,写作者还要能预测可能会发生什么,或者能说出什么是明智的,什么不是明智的。因此,要确保写出合格的文章,就应该事先做好充分的准备,周详的计划,合理的研究以及适当的提问。①

（三）构建探索性问题

开始写作过程最有效的方法之一是构建问题。探索性问题具有探询性,可以表达作者的异议(dissonance),这种异议性说明作者会在写作过程中有新的认识。因此,对于思考问题和写作的关系也应有一个深入的认识。只有在思考问题中,随着感受的加深、领悟的增多,写作能力才能渐渐提高。思而不写,可有收获,写而不思,所获无多。写的主要价值在于促进思考。有了某种感受、某种认识,要想把它写出来,必须使之清晰化、程序化,才能用语言加以表达,在这一过程中,要进行大量的思考,并在思考过程中提出探索性问题,使写作内容更细致、更缜密、更深入、更完整,使组织更合理、更艺术,使表达更准确、更有效。②

好的探索性问题有以下特点:

是以前不知道如何回答的问题。例如:

What has happened to punk music?

是开放式的问题(open ended),不应只是用"是"或"否"回答。例如:

Why is hip-hop so popular?

要表达作者知识、价值观和理解方面的异议。例如:

Why is voter turnout so low in my hometown?

Why am I uncomfortable with genetic theories of intelligence?

---

① 姜涛.大学英语写作教学理论与实践[M].长春:吉林出版集团有限责任公司,2009.
② 姜涛.大学英语写作教学理论与实践[M].长春:吉林出版集团有限责任公司,2009.

（四）理解修辞环境

修辞是需要修辞环境的,而这个环境也就是语境。如何结合上下文使修辞环境更适合所用修辞是一门学问。因为修辞分为抽象和具体两种,也就是所谓的消极和积极修辞。消极修辞需要准确,没有异议的修辞语境。积极修辞则需要能够感悟,体会的修辞语境,使人身临其境。修辞环境是交际的框架,在课堂中说的话与参加朋友聚会时说的话通常不同,因为所面对的人、所处的地点和所发生的事都不尽相同,写私人信件和实验报告也一定不同,因为目标读者不同。

为了理解写作的修辞环境,必须明确理解写作目的(purpose)、写作形式(forms of writing)、类型(genres)、作者和读者的角色(writer and reader role),以及语气(tone)。

1. 写作目的

写作目的是一个人对社会与人生的一种认识的升华。当你准备写作时,要明确文章的写作目的,大多数文章都试图达到这样三种目的:自我表达(self expression)、说明(exposition)和劝说(persuasion)。自我表达的文章表明作者的经历、态度和感受,像日记、回忆录、私人信件都属于此类,当作者被要求写一个关于个人主题的文章时通常采用自我表达式的方式。

2. 写作形式

我们通常用类型这个词来描述一个具体的写作形式,一些常见的类型有:学术文章、科研论文、正式信函、私人信件、电子邮件和正式报告等。在不同的情况下,我们需要选择不同的文章类型。

理解文章的类型所适用的修辞环境会提高写作的有效性,不断从多个维度、多个层面上,凭借写作渠道的多向开掘、写作内容的多维获取、写作思维的多元发散、写作形式的自主选择、写作评价的动态立体、写作文品的多级交流,形成一个完整、流畅、开放、大气的"运行链",以确保写作能力与素养的全面提升,进而为写作创新能力夯实基础。

3. 作者和读者的角色

写作是运用语言文字表达思想、交流情感的重要方式。从某种意义上说,写作的实质就是对话:原我与超我的对话、生命与世界的对话、作者与读者的对话。在我们看不见的地方，作者通过文字与读者进行超越时空的心灵的对话与交融。在修辞环境中要了解读者，一个好的作者通常会时刻考虑读者，一旦确定了写作目的和主题，作者会以读者的角度给出材料，并对内容结构做出选择。读者可能是个体或群体，也可能是专业人士或一般大众。

在传统的写作观点中，读者被赋予从属者的角色，其任务就是从作品中去发现文本的意义。随着以读者为中心的观点的出现，读者的角色转换为类似作者的角色，对文本可以进行创造性的阐释，读者可以进行推理以获得作者的意图。在修辞环境中作者和读者都有各自的角色，了解自己作为作者的角色和读者的角色有助于更好地完成写作。具体有如下几种角色关系。

作者与读者是平等关系（writer and reader as peers）。两者都有相似的知识和经历，没有谁比谁更权威。作者了解读者的阅读需求，尊重读者的阅读选择，能和读者平等相待。这种角色关系有利于作者表达个人感情，典型的形式是个人信件和电子邮件，在语言上通常是非正式的。[①]

作者作为初学者，读者作为专家（writer as novice and reader as expert）。很多大学的写作都属于此类。学生作为初学者要获取知识，对读者心存敬意，遵照写作任务的要求，并仔细修改校读，最后上交自己的文章。

其他角色关系（other writer and reader relationships）。有时作者和读者的角色属于不同范畴，尤其当他们处在不同地位或拥有不同权威或权利时，要尊重读者，善于说清楚自己要表达的信息，不要过于冒失自负。

4. 语气

人类的语言都承载着一定的语气。比如，在拒绝别人时，使用否定句的影响是强烈的，会给人留下不愉快的印象，可以使用委婉的语句。试比较以下两个句子：

"请不要在这儿吸烟！"

"对不起，这儿是不能抽烟的！"

这两句话，表达的内容虽然相同，但后者的语气显得更柔和，更礼貌

---

① 姜涛. 大学英语写作教学理论与实践 [M]. 长春：吉林出版集团有限责任公司，2009.

一些。尽管文字是静态无声的，但作者的语气可以是严肃认真的，也可以是活泼幽默的；可以是平心静气的，也可以是激情澎湃的；可以是权威的，也可以是尝试性的。当然，也可以是直接明了的，或是反语讽刺的。

如果在不熟悉的修辞环境中进行写作，可以找一篇与所要写作种类相同的范文，分析文章的写作目的、作者和读者的角色以及语气。如果可能的话，请熟知这种修辞环境的人提供帮助。例如，商务英语写作的语气就与文学的写作不相同，商务英语的写作比较注重使用尊重的语气、中正的词语、正规的文体和简短的篇章，它有别于丰富多彩、自由烂漫、讽刺辛辣、戏谑狡辩、夸张缩小的文学家的笔调，讲究的是得体贴切、简洁有力、明了清晰的表达方式。因此，要合理运用并控制文章的语气。[①]

（五）提出话题

所谓话题，就是谈话的中心。在进行写作活动之前，要先提出一个话题，用以指定写作的范围，然后根据话题的指向性来自拟题目进行写作。自拟题目可以考虑从以下几个方面选择话题：讲述自己的专业知识或自身所擅长的技能；在自己所处的文化背景中寻找话题；选择最让自己感动的事，[②] 比如，第一次演讲、参观文明古迹等；选择那些自己想要了解和学习的话题，比如，电脑程序编辑，以现在所学的专业今后会从事哪些事业等；可以上网搜寻话题，利用网上的搜索目录寻找自己感兴趣的事。

确定了话题以后，就要开始寻找与话题相关的素材，对话题进行各个方面的探索，这是一种开拓性的创作活动，运用一些策略帮助回顾已知的信息，并以新的视角和思路重新审视它们会有新的收获。

（六）确定主题

一般来说，在写作目的中已经明确了所写的方向，而后在主题句中要清楚地表明要对读者说的是什么。主题句要表述明确，如果有能力的

---

① 姜涛. 大学英语写作教学理论与实践 [M]. 长春：吉林出版集团有限责任公司，2009.

② 姜涛. 大学英语写作教学理论与实践 [M]. 长春：吉林出版集团有限责任公司，2009.

话尽量控制在一句中。清楚明了的主题句会使读者准确理解文章所要表达的意义,而模糊不清的主题句则使人疑惑不解。所以主题句必须有明确的观点。看看下面的例子:

As an opinion

College is not for everyone.

As an observation

My high school education was a waste of time.

As a suggestion

Computer literacy should be a requirement for all under-graduates.

As an attitude

I want my life to be better than that of my parents.

As a question

What is friendship?

第三节　商务英语写作的语言手法与技巧

一、语言手法

(一)比较

比较在商务英语写作中是一种被经常使用的语言手法,它能突出被比较对象之间的特点,使差异分明,这有助于读者对事物做出判断和正确的决策。比较的具体语言表现形式有以下几种。

1. 等比

等比(comparison of equivalent)是同等事物之间的无差别比较,可以指数量和质量上的,也可以指程度和强度上的。经常用来表示这种等比的短语有: as...as, the same as, be similar to, be identical with, as many(much)of...as 等。请看下面的例句:

He is not so much of a help as I thought he would be.

他并没有像我所想的那样有用。

Their attitude toward the new management approach was the same as before.

他们对新的管理措施的态度和以前一样。

We are of the same opinion as those from other developing countries.

我们的观点与其他发展中国家的观点一致。

2. 比较级和最高级

不同事物之间在大小、多少、优劣等方面有差别时,人们往往采用比较级(comparative degree)或最高级(superlative degree)的语言手法对两者进行比较。例如:

He performs much better than other employees in our company.
他的表现比我们公司的其他雇员好得多。

The world steel production this year is 15 percent higher than last year.
今年世界的钢铁产量比去年高出 15%。

He is much more concerned about others than about himself.
他对别人的关心远远胜过对自己的关心。

3. 其他的比较形式

有些短语虽然不像上面所述的几种比较形式那么直截了当,但明显含有比较的意义,因此比较也完全可以通过它们来实现。这些短语包括 superior to、inferior to、prefer ... to ...、over、beyond、so that、such that、too、enough、exceed 和 surpass 等。请看下面的例子:

Working hours must not exceed 42 hours a week.
工作时间每周不得超过 42 小时。

The business report is easy enough for everyone to read.
这份商务报告很容易读懂。

(二)因果关系

因果关系(cause and effect)是商务英语写作中不可缺少的写作手法,使用非常普遍,尤其是在有关问题或事故的分析性商务英语报告中。它能使有关人员迅速而清楚地全面了解情况,及时采取必要的措施。例如:

The success of the report resulted from/was caused by careful planning.

成功的报告在于仔细的规划。

But faced with declining revenues due to a worldwide surplus of oil, the Saudi Arabian government was reluctant to pay $ 1 billion in cash.

但由于世界范围的石油过剩,沙特政府面临着国家收入下降的困境,它不愿支付 10 亿美元现金。

(三)举例

在商务英语写作中,举例是一种重要的写作手法,通过使用 for example, for instance, such as, like 或 or 等词或短语进行举例以表述文章的上下文关系。举例能使抽象笼统的描述具体化,更有说服力,更能引起读者的兴趣。现举例如下:

In tea and sugar, to name but two other commodities, it is already taking its toll in the form of reduced purchases by cash-strapped oil-producing states.

只再举出两种初级商品,比如说茶和糖,现金短缺的产油国的购买量减少,这样,油价下跌已经对这两种商品造成损失。

Nations with serious debt problems, such as Mexico, Brazil and Argentine, have been compelled to devote almost all their export earnings to debt service.

有着严重债务问题的国家,比如墨西哥、巴西和阿根廷,已被迫把它们几乎所有的出口收入都用于支付借款利息。

(四)同类关系

在商务英语写作中,and, also, as well as, moreover, furthermore, in addition, in addition to, besides, similarly, likewise 等词常被用来表达同类关系,这些词如果使用得当,恰到好处,不仅有利于读者提高阅读效率,而且能使商务英语本身通顺流畅。

The hotel itself can accommodate 80 guests and, in addition, there are several selfcatering apartments.

旅馆本身能容纳 80 位客人,除此之外,还有几个可供自己做饭的套房。

二、写作技巧

(一)整体与部分的关系

商务英语写作经常会涉及某一企业、机构或事件的整体与部分之间的关系,这就需要运用语言表达手法与写作技巧把这种关系阐述清楚。下面是某公司人事处的结构图及各科室负责人的职责描述:

Personnel Director, the head of the Personnel Department, acts as spokesman for the department in all senior management discussion, and is also responsible for coordinating the work of the personnel team. There are four managers who report to him. The Compensation and Benefits Manager handles the company's employee benefits program——primarily health insurance and pension plans. The Recruitment and Selection Manager is responsible for maintaining contact within the community in order to look for manpower. Training and Development Manager is in charge of skill training and management development. Employee Relation Manager deals with the relationship between management and employees and advises the organization on all aspects of union-management relations.

这种整体与部分的关系通常有以下三种表现形式。

1. 主要和次要部分(main and sub parts)

常用来表示主次关系的短语有: be made up of, be composed of, consist of, include, can be/be broken down into, can be /be divided into, can be/be separated into 等。例如:

In China, the education is divided into three categories: basic education, higher education, and adult education.

中国的教育分成三大类:基础教育、高等教育和成人教育。

Basic education in China includes pre-school education, primary education and regular secondary education.

中国的基础教育包括学龄前教育、小学教育和普通中学教育。

American schools both public and private consist of 12 years of grades—basically 8 years of elementary school and 4 years of secondary or high school.

美国的公立学校和私立学校,都是由 12 个年级组成的,基本上是 8 年小学和 4 年中学。

2. 阶梯式结构(hierarchical structure)

常用来表示阶梯式结构的词和短语包括: above/below, over/under, on the same level, at the top, at the bottom, headed by 等。例如:

The Personnel Director kept overall responsibility for the department, There are four sections under him.

人事处处长全面负责该部门事务,在他手下有四个科室。

The first section, Recruitment, has a staff of ten, headed by the Recruitment Manager.

第一个科室是招聘科,有十名工作人员,由招聘经理领导。

3. 额外部分(additional parts)

表示这一关系的常用短语有 besides, in addition to, also, not only...but also 等。例如:

Besides internal and external recruitment, their responsibilities include the writing of job descriptions and a share of the manpower planning.

除了负责内外部招聘外,他们的职责还包括撰写工作描述,参与人才规划。

(二)事实与意见的区分

在商务英语写作中学会区分事实与意见(fact and opinion)十分重要。事实是指对实际发生的情况或实情的陈述,通常是建立在直接证据上的观点,是对信仰、判断或情感的陈述。实际上,观点往往是建立在事实的基础上,但是观点还包含了作者对事实的个人阐述。有时作者把观点和事实结合在一起,因而很难把二者区分开。实例如下:

What was once seen as a sign of sophistication is now more likely to be regarded as a bad habit.

曾经被视为成熟的标志,现在更有可能被视为一种坏习惯。（opinion）

Animals play an important role in the progress of our human beings. For example, such animals as monkeys or rabbit are used in medical research.

动物在人类的进步中扮演者重要的角色。例如,猴子、兔子等动物就常用于医学研究。（fact）

However, despite these benefits, I believe that animals should not be used for testing medical techniques and drugs.

然而,虽然有这些好处,我认为动物不应该用于测试医疗技术和药物。（opinion）

（三）命题与证据

在商务英语写作中作者会经常提出各种命题（propositions）。但是命题需要由具体的证据（evidence）作支持,而证据也要有充分的事实作为基础。只有这样,所提出的命题才会有根据,有说服力。例如:

During the five years, here was a general increase in the mobile phone ownership in all the three parts of the world. In Europe, the number of mobile phone owners accounted for about 4% of the total number of telephone users in 1997. The percentage rose to 14% or so in 2002. In USA, the percentage was about 8% in 1997, the highest among the three groups. It increased to about 18% in 2002. The increase in Asia reached three times in these years, from only 2% or so in 1997 to about 8% in 2002. So we can expect that the mobile phone market in Asia would be developing much faster than in the other two areas.

在这一短文中,作者提出的命题是:

During the five years from 1997 to 2002, there was a general increase in the mobile phone ownership in all the three parts of the world.

用来支持此命题的证据有三点:

In Europe, the number of mobile phone owners increased from 4%

of the total number of telephone users in 1997 to 14% in 2002.

In USA, the percentage increased from about 8% to 18% in the same period.

he increase in Asia reached three times in these years, from only 2% or so in 1997 to about 8% in 2002.

（四）归纳法

所谓归纳法（inductive approach），就是先叙述原因和具体细节，进行一定的分析和阐述，最后再得出结论。在所要阐明的结论或要宣布的消息比较消极或对读者不利的情况下，使用这种方法尤为可取。例如：

Thank you for your proposal to be our exclusive agency. Your annual report has been carefully read. All the Board members are convinced what a successful company yours is and what a wonderful business partner you will be. But unfortunately, we have established a longstanding relationship with Hong Kong JUNJIE Company and granted it the right to be our sole agency in China's Mainland and Hong Kong SAR.

We have to therefore reject your proposal with so many regrets. To return for your kindness, we promise to offer you the best prices for the products you are interested in.

这一短文采用了归纳法的写作方法。作者先感谢对方想做公司独家代理的提议，紧接着说公司董事们已仔细阅读对方的年度报告，并深信对方公司是一家非常成功的公司，将成为我们优秀的生意伙伴。然后笔锋一转，直接但有策略地告诉对方我们公司已经授权香港 JUNJIE 公司作为我们在中国内地和香港特别行政区的独家代理。最后宣布坏消息，但同时提出建设性的建议和替代办法。采用归纳法让读者在思想上有准备，使他们以积极的态度看待这种拒绝。

（五）演绎法

演绎法（deductive approach）与归纳法相反，它先叙述结论、建议或消息，然后再具体解释，提供详细的原因或说明。这种方法比较适合于宣布好消息或积极的建议和结论等。

例如：

We New National Bank are pleased to offer you the position of Area Manager—Assistant Data Processing Officer at the annual pay of HKD80 000. You will be paid cash and receive two weeks paid vacation in 2006, if you start on or before May 2006. City Cooperation Bank will also reimburse you for family medical insurance coverage until you are picked up on our plan. I hope this letter will assist in making your decision.

Notes：

Area Manager—Assistant Data Processing Officer：地区经理，即助理资料处理员

family medical insurance coverage：家属医疗保险费

在这一短文中，作者先把同意聘用的好消息告诉读者，然后再叙述工资待遇和福利待遇的细节。

第二章 跨文化维度下商务英语信函的写作

商务英语信函作为国际商务往来一种常用的英语应用文体,将国际贸易业务与英语融为一体,并在涉外活动中具有联络业务、沟通交流的重要作用,对进一步开拓国际市场、发展对外贸易有着重要的影响。经济全球化发展使得跨区域、跨行业的国际贸易往来日益频繁。在国际贸易实践中,国际商务信函不仅是洽商国际买卖合同的手段,也是签订国际买卖合同的主要形式之一。

第一节 商务英语信函的语言特点解析

一、商务英语信函简述

（一）商务英语信函的构成要素

一封完整的商务英语信函,除了对语言有较高的要求以外,正确的格式也是不可或缺的。通常商务英语信函会包括以下 13 个部分。

（1）信头（The Letter Head）:一般包括公司名称、地址、电话和传真号。

（2）案号和日期（The Reference and Date）。

（3）封内地址（The Inside Address）。

（4）收信人姓名（The Attention Line）。

（5）称呼（The Salutation）。

（6）事由（The Subject Line）。

（7）信函正文（The Body of Letter）。

（8）结束礼词（The Complimentary Close）。

（9）签名（The Signature）。

（10）拟稿人和打字员姓名首字母（Initials）。

（11）附件（Enclosure）。

（12）抄送（Carbon Copy Notation）。

（13）附言（Postscript）。

在上述 13 项中，（4）（6）（10）（11）（12）（13）项属于附加信息，如无必要，可以省略；其他项目，在正式交往的商业信函中是不能省略的。

（二）商务英语信函的特点

商务英语信函的特点可以概括成三句话：内容清晰明了，措辞简明扼要，态度正式礼貌。

"内容清晰明了"就是指信的内容不能使人产生误解，不能有模棱两可的表达。否则，来往解释的功夫会造成时间的浪费。因此，我们在草拟函电的时候，可以将最重要的事情放在最开始来说。

"措辞简明扼要"指的是行文要突出重点，最好能够做到"一事一段"。但需要指出的是：简明扼要并不一定指信写得越短越好。比如需要在同一封信中同时说清楚促销、订单和付款条件等几个问题的时候，简明这一要求就可以做出调整。切记，简明不等于简化。

"态度正式礼貌"要求我们要站在"贸易伙伴（trade partner）"的立场上看问题，而不是以自我为中心。及时地答复对方的来信，以礼貌的态度处理贸易中的一些分歧和争端。

（三）商务英语信函的格式

一封商业信函主要包括：信头（Letterhead）；日期（Date）；信内地址（Inside Address）；称呼（Salutation）；信函正文（Body）；结束语（Complimentary Close）和签名（Signature title）。具体位置如下。

```
Letterhead（信头）
Date（日期）
Inside address（信内地址）


Salutation（称呼）
Body（正文）


Complimentary Close（礼貌结束语）
Signed name（签名）
Signature（署名）
Title/Position（职务）
```

下面来具体介绍其中几个部分的内容。

1. 信头

信头是写信人所在公司的名称和基本的联系方式，通常包括公司全称、地址、电话、传真号、电传号、公司网站、电子邮箱等。这部分信息总是印在公司或机构信笺上的，有的公司信笺上还印上公司标志、图标或商标，并简单说明公司的性质和经营业务。下面的例子是信头的排列形式：

```
EASTERN TEXTILES IMP.& EXP.CO., LTD.
13478 Chunhua Road, Wuhan, Hubei, China
Tel：0411-******** Fax：0411-********
Http：//www.Wellson.net
E-mail：bcxbcx@142cn.com
```

2. 日期

日期在英式英语与美式英语中的写法不同，例如，2012年2月14日，英式英语中表示为14 February 2012，而在美式英语中表示为February 14 2012。也就是说，英式英语中日期表达顺序是日、月、年；而美式英语日期表达顺序是月、日、年。写日期时注意月份最好不要用数字表示，要用文字表示，否则不符合正式商业信函的规范。如使用计算机上的日期表达方式，应采用日月年的顺序，因为英美人日期表达不一样，容易造成误解。

3. 信内地址

日期与信内地址之间的留白取决于信函的长短，在长度一般的信中建议空两行。信内地址的内容应与信封上的姓名和地址相同。信内地址包括收信人姓名全称、职务(如有)、收信人公司全称、公司所在办公楼名称、地址、城镇名、邮政编码、国名。封内地址应在左边顶格写。

4. 称呼

英美企业在称呼使用上有一定区别,主要分两种情况:已知或未知收信人姓名。另外,还要注意对女性的称呼,注意在 Gentlemen 和 Ladies 前不能用 Dear。而 Dear 在商业信函称呼中的意思是"尊敬的"而非"亲爱的",所以一般不能省略。信函通常不以这样的称呼开头:"Dear Mr.John"(在 Mr. 后应加姓)或者 Dear Mr. John Smith(Mr. 后加名和姓)。英国人在称呼后习惯用逗号,而美国人则用冒号。在现代商业信函中,称呼后多不用任何标点符号。

5. 结束语

结束语是信函客套语,说明写信人圆满地结束了信息的说明,一般不能省略。要注意的是,在礼貌结束语中只有第一个词的首字母需要大写;结束语中应用 Yours 而不是 Your;faithfully, truly, sincerely 等副词不要漏写 ly;结束语中不用 truthfully。礼貌结束语中使用的词语一般应和信函开头的称呼相配。

称呼语举例

Madam/Dear Sir(s)(BRE)对公司
Gentlemen/Dear Sirs(AME)对公司
Dear Sir 对男士,且不知对方姓名
Dear Madam 对女士,且不知对方姓名
Dear Mr. Green 对男士
Dear Ms Green 对女士
Dear Mrs Green 对已婚女士
Dear Miss Green 对未婚女士
Dear Jerry 对朋友或比较熟悉的人

结束语与称呼语的对应关系

Dear Sir/Madam Yours faithfully/Faithfully yours
Gentlemen/Ladies Yours very truly/Very truly yours
您的忠诚的
Dear Mr./Ms/Mrs/Miss Green Yours sincerely 谨上,谨致
Kind regards, etc.(U.K.)
Dear John Best regards, etc.(U.S.)你的诚挚的;谨启
Best wishes 最良好的祝愿

6. 签名

签名在商业信函中由写信人手签、打印姓名和职务名称构成。职务名称之后有时还打印上写信人所在的部门名称。商务信件的署名部分一般以平头式排列,每行行首应对齐。整个署名部分应在礼貌结束语下面,隔开两行。手签姓名是一种人性化的风格,使读信人倍感亲切,如见其人,尤其是公司地位较高的人(如经理或总裁),通常是由他们的秘书打印信件,加上亲笔签名,就会给收信人留下受到重视的良好印象。第一次写信时,写信人最好能在签名时用括号注明性别,如"Wang Min (Ms)",这样就可以避免外国客商对写信人性别产生误解,以及称呼不当引起的尴尬。

二、商务英语信函的语言特点

商务英语信函以书面形式在传递和交换商业信息的同时还体现出一个企业或公司的"门面"和专业形象,因此,商务英语信函的规范性和得体性相当重要。同时,随着商务活动的发展,人们越来越喜欢使用那些简洁、自然、通俗易懂而又不失礼节的商务英语信函,那些古板的老套用词已不符合时代发展的要求。

(一)清楚

这里的清楚指的是表达的信息、内容要清楚,要使收信人明白信息的意图。所以,在商务英语信函中清楚地表达十分重要,否则即使信函的语言正确、文明有礼,仍难以使收信人明白。

请看下面例子:

Dear Mr. Wilson

Thank you for your telephone call.

I have arranged for you to have a meeting with Susan Lander and a separate meeting with Diana Dell in the 16th November. You can meet her at 11 a.m. Unfortunately, she cannot go to lunch with you as they have to attend a sales conference.

With best wishes

上述是确认两个商业面谈的信函,但使收信人很费解,因为写信者在信中使用的代词并不一致,一会用 her,一会用 she 和 they,到底是谁并没说明,使得信息表达得很不清楚,而且在信的最后也没有署名。

(二)简洁

商务英语信函的文字、语句等表达一定要简洁,但前提是保证信函的礼貌和完整。信函要突出中心和重点,不要绕圈子。所以,商务英语信函一定要使用一些简洁明了的句子和词汇,避免使用那些重复、陈旧的句子和词汇。例如:

(1)accompany—go with

accomplish—do/finish

accordingly—so

accumulate—gather

accurate—correct, exact, right

modify—change

not later than—by

with reference to—about

advice/notify—tell

be forced to—have to

purchase—buy

solicit—ask

assist—help

(2)in your favor—for you

due to the fact that—because

for the purpose of—for

in an effort to—to

in the course of—during, in, when

with/in regard to—about, regarding

prior to—before

上述例子中,(1)说明一些过时的、生僻的词汇可以用简单的、常用的词汇来代替。(2)说明重复、烦琐的用语可以用简洁的表达来代替。

（三）完整

信函中所陈述的信息、数据等事实必须完整,这样才能使收信人做出相应的回应或迅速采取行动。如果信息不完整,就会导致收信人在读信后不能及时做出判断,这样既费时又费力,还会增加商务成本。

来看下面例子:

Dear Ms Brown

I am writing to cancel my order.
Please can you cancel my order because I do not need the things any more.

Yours faithfully

以上是为取消订单而写的信函,其中就缺少一些必要的信息。上述信函没有一个标题。写信人在信中说要取消合同,但未说明合同编号。取消订单的理由也没有在信中具体说明。写信人向收信人传递的是一个不好的消息,但写信人的口吻却有些轻描淡写,而且在信的最后也没有署名。

（四）正确

正确包括信函的拼音、语法、标点等应准确无误,这是商业信函的基本要求。在注意语法、拼音等正确的同时,也要注意使用合适的语体风格,这也是商务英语信函正确的一个体现。例如:

Group A

（1）I am in receipt of your letter dated 16 March.

（2）Thank you for your letter dated 16 March.

（3）Thanks for your letter of 16 March.

Group B

（1）I would appreciate it if you could tell me when the goods will arrive.

（2）Could you please tell me when the goods will arrive?

（3）When do you think the goods will get here?

以上两组内的句子表达的意思相同,只是正式程度不同,从正式到非正式,程度依次降低。这说明,在不同的情况下要使用与之相适应的表达方式,如果在应使用正式的语体时使用了非正式的语体,则很容易使收信者产生误会,反之亦然。

（五）具体

在信函中传递的信息一定要具体、生动、形象,要有针对性地提出细节,切忌含糊、抽象的表达。试比较下列两组例子中的句子:

Group A

（1）The need for creative waste management solutions is increasing each year.

（2）With solid waste increasing at over 14 % each year, the need for creative waste management solutions has becoming urgent.

Group B

（1）Mandy Jones had questions about the proposal.

（2）Mandy Jones had three questions about the proposal.

上述两组中的第二个句子与第一个句子相比较,增加了具体的数据,这使得收信人能更详细地了解信函的内容。

（六）礼貌

在商务活动中,礼貌得体,具有亲和力和人情味的商业信函对于建立和维系与客户的关系是十分重要的。因此,商业信函一定要注意措辞和语气的使用。例如:

Group A

（1）I want you to send me the correct size of the dress.（ curt demand ）

（2）Would you please send me the correct size of the dress.（ more polite ）

Group B

（1）Do you think you could possibly send me the right order this time?（ sarcastic ）

（2）Would you please replace the order with the one we want?（ more polite ）

比较上述每组中的两个句子,可以看出,（1）例句以讽刺、唐突和无礼的口吻提出要求是很不礼貌的。（2）例句语气委婉、温和,显得有礼貌的多。

（七）避免以自我为中心

商务英语信函应避免以自我为中心,应从对方的角度出发,站在对方的立场上考虑问题。如果信函是写给某个收信人的,应使其感到他/她受到了极大的重视,这对建立双方良好关系十分有利。必要时,可在信中提及收信人的姓名,这样会使对方感受到得到了特别对待。试比较下面两个例子。

> We have received your request for permission to use our computers during the next session for summer school. We are pleased to inform you that you may use all 15 of the laptop computers your requested. Would you please come in and fill out the necessary paperwork any time before May?

> Good news, Jessica! All 15 of the laptop computers you requested will be available for use during the next session of summer school. Please come by the office before May 1 to fill out the necessary forms.

以上两封信有着相同的内容,但有着截然不同的风格。第一封信是以自我为中心的,而第二封信是以对方为中心的,显然后者给人的感觉更为亲切。

（八）直接传递"好消息",间接传递"坏消息"

商务英语信函中所传递的消息并非全都是好消息,传递坏消息的情况也很多,因此对于这两种消息要以不同的方式传递。好消息或者是平常的信息通常以直接的方式表达。当必须对某一请求说"不"时或必须要表达一则令人失望的"坏消息"的时候,以间接方式表达是非常有效的。

请看下面实例:

传递"好消息"

> Dear Mr. Williams
>
> Further to our telephone discussion Thursday, I am delighted to tell you that we are now able to reduce the price of our Sony series PSP by 10%. This is due to the recent rise in euro.

We look forward to receiving your order. If you need any further information, please let me know.

Sincerely,

Jim Hutton
Sales Rep

传递"坏消息"

Dear Miss Liu

Thank you for taking the time and meet us regarding the sales manager position. We were impressed with your background and experience.

However, we are unable to offer you a position at this time. With your impressive credentials, I'm certain that you'll find the perfect job soon. I wish you much success in your endevours.

Sincerely,

Mandy Lin
Chief of personnel department

（九）富有人情味

商务英语信函虽然不像其他文体那样随意,但富有人情味的写信风格仍能引起对方强烈的好感,从而缩短和对方的距离。

我们通过比较下面两个例子来对此进行具体说明。

收到开证申请书

Dear Sir

We wish to acknowledge receipt of your credit application dated October 5 giving trade and bank reference, and we thank you for the same. Please be advised that credit accommodations are herewith extended as per your request and your order has been shipped.

Hoping you will give us the opportunity of serving you again in the near future.

Very truly yours,

Sign

回复：收到证明

Dear Sirs

Thank you for sending so promptly the trade and bank references we have asked for. I am so glad to say that your order has already been shipped on the terms you requested.

We hope you will give us the chance to serve you again.

Very truly yours,

Jane Austin

很明显可以看出，第一封信语气较为生硬、冷淡，采用的是中性的写作风格，而且还使用了很老套、陈旧的表达方式，如 acknowledge receipt of、hoping...we remain 等。而第二封信比较口语化，富有人情味，表达也非常简洁，使收信人对传达的信息一目了然。

第二节　跨文化维度下商务英语信函写作原则及要求

一、写作原则

在书写商务书信时，有以下几条原则，表达既要体贴（Consideration）、简洁（Conciseness）、清晰（Clarity）、礼貌（Courtesy）、正确（Correctness），同时，又要做到完整（Complete）和具体（Concreteness）。

（一）礼貌（Courtesy）

书信交往，同样需要以礼待人。因而在写信过程中，要避免伤害对方感情的表达。中国人有句话叫作"过犹不及"。任何事情，一旦过了头，效果反而不好。礼貌过了头，可能会变成阿谀奉承，真诚过了头，也会变成天真幼稚。所以最关键的还是要把握好"度"，才能达到预期的效果。

措辞上多选用些礼貌婉转词语，像 would、could、may、please、thank you 等。例如：

Thank you for your letter of March 3, 2006.

Please feel free to let us know if you need more information.

国际商务信函是一种以国际商务为目的的书面语言交际工具,除了词汇、语法上准确无误外,还要注意表达恰当、得体。在词义色彩方面,商务信函用词正式,礼貌用语颇多。收到对方的询盘、报盘或订货时,不论能否接受,都要以得体的语言来表示诚挚的谢意。商务信函中经常使用以下词汇:appreciate please thanks, best regards, look forward to, take the liberty of doing something through the courtesy of 等。

礼貌不仅仅指有礼而已,也不是用一些简单的礼貌用语,比如 your kind inquiry, your esteemed order 等,它是从一个"您为重"(You attitude)的角度考虑问题。为了使商务信函更具礼节,撰写者还应避免使用过激、冒犯和轻视的词汇。

(二)正确(Correctness)

英文书信中,除了避免语法、拼写、标点错误外,当涉及数据或者具体的信息时,比如时间、地点、价格、货号等,应尽可能做到精确,这样会使交流的内容更加清楚,更有助于加快事务的进程。例如:

It was said that 29th Olympic Games will be held in Beijing in 2008.

(三)完整(Complete)

商务书信应力求包含写信人希望收信人做出反应的所有问题或情况或者答复对方来信中所提出的全部问题或要求,越是重要的信越应注意"完整"。例如:

With reference to your letter on July 3, 2006, we are pleased to accept your offer of 150 sets your machine as per. Your offer sheet No. 213. Please go ahead and apply for your Export License. As soon as we were informed of the number of your Export License, we'll open L/C.

Yours faithfully,

一封完整的书信更容易带来预期的效果,建立亲善的关系,并成为重要的文件,因此完整(Completeness)是商务书信中至关重要的一条原则。

（四）具体（Concreteness）

商务书信中"具体"的原则，是指信要写得具体、明确且生动。特别是答复对方要求的信，应力求具体，报盘或收盘应避免模糊、抽象和一般。请看下例：

We wish to confirm our fax yesterday. Better：We confirm our fax of March 29.

在商务书信中，最好对电报、电传日期、号码交代清楚。例如：

We have received with thanks your check. The amount has been placed to your credit.

这两句话交代不清，应该具体说明支票号、款额等。

Better：We have received with thanks you check No. 23 for us $159，in payment of our machines. The amount has been placed to your credit.

以上介绍的是商务书信的"7C"原则，它是帮助我们写好商务书信的关键。

二、写作要求

（一）要体现写作的目的

尽管商务信函种类繁多，但写作的目的不外乎是：传递信息、采取行动或维持良好的业务关系。不同的写作目的是通过写作者采用不同的语气和文体来体现的。

（二）要明确写信对象

提笔前先要搞清写信的对象及企业的情况。动笔时应尽可能从收信人的角度出发，设身处地为对方考虑，并预测对方读信后可能做出的反应。

（三）要注意构思与表达方式

去信或回信前应先进行初步构思，必要时可以列出提纲，待考虑成熟后才正式落笔。商务信函用词应简单明了、通俗易懂，忌用含义模棱两可的词汇和语法结构复杂的长句，单词拼写要正确。写信时应养成查词典的习惯，确保用词和拼写正确无误。此外，还应尽量避免使用"外来语"。

（四）要少用套话

商务信函中，要尽量少用"请允许我……""我恳切希望……"之类的套话。这类套话是多余的，对写信人的思想表达无多大作用。实际上，只要写信人像面对人说话那样来表达自己，就不会犯套话连篇的错误了。

（五）要以礼待人

以礼待人是每个人应有的品质。即使写投诉信也要用词谨慎，绝不能使用谩骂、侮辱人格的文字。如果写信时情绪较激动，就不要急于动笔，或者信写好后不要马上发出，待冷静下来后再做处理。

（六）要注意信的准确性和完整性

发信前应从头至尾将信检查一遍，保证信的内容及单词拼写、标点符号、语法、数字、日期没有错误。如果夹寄附件，一定不能忘记将附件装入信封。信内和信封上的收信人姓名、地址一定要正确，不能张冠李戴。

第三节　商务英语信函写作语篇特点分析

一、情景语境特征

商务英语信函多用于国际贸易交往中，是英语文化中的一种特殊的语篇。根据情景语境的三个变项，商务英语信函的情景语境可以描述为：

话语范围：涉及外贸交易的各个环节，如下订单、跟进业务、付运、存货、付款等。

话语基调：正式的，商务信函具有合同性质，是双方经过多次交往而达成的交易。

话语方式：用于阅读的书面语，具有较强的语境独立性，属于信函。

商务英语信函情景语境的这三个变项制约着语言的选择，使语篇表现出特定的语域特征。

二、语篇结构特征

商务英语的语境构成决定了商务英语信函的语篇有着固定的模式。商务英语信函往往强调一事一信，内容多围绕一根主线展开，因此在信函中可以通过"事由（subject line）"以突出内容主旨，使对方一目了然。商务英语信函的正文一般包括三个部分（内容较短的可以是三个自然段），即起始、主体和结尾。其中每个部分都有其默认的功能和作用：第一部分（即首段）抓住读者的注意力、需求或者兴趣；第二部分处理业务；第三部分呼应前文提出己方的希望或者祝愿。

第四节　商务英语信函范例分析及写作实践

一、商务英语信函的写作技巧

（一）文法技巧

（1）主客分明、意思清晰

Deciding to rescind（取消，废除）the earlier estimate our report was updated to include \$40,000 for new equipment.

应改为：Deciding to rescind our earlier estimate, we have updated our report to include \$40,000 for new equipment.（作主语的是 we 而不是 report）

（2）表达明确、语法正确

He decided not to audit（审核）the last ten contracts. Because of our previous objections about compliance.

应该连在一起，合成一句：He decided not to audit the last ten contracts, because of our previous objections about compliance.

（3）结构对称，易于理解。

（4）单复数不乱。

（5）动词主谓单复数要一致。

（6）时态和语气不要转变太多。

（7）标点要准确。

He did not make repairs, however, he continued to monitor the equipment.

改为：He did not make repairs; however, he continued to monitor the equipment.（however 是副词，因此该词前面要使用分号，并且该词后还要使用逗号。）或改写成：He did not make repairs, but he continued to monitor the equipment.

（8）拼写正确，使用电脑拼写检查功能后，也需要认真检查。

（9）大小写，非必要不要整个词都用大写。

（二）文体技巧

（1）可读性。多用短句（15～20字为佳），技术性的词，就更加要简单明了。

（2）注意段落的开头。一般来说，重要或强调的事情都放在信件或段落的开头。例如：

Because he was unable to attend the meeting personally. he forwarded（发送）his congratulations on cassette tape.

He forwarded his congratulations on cassette tape because he was unable to attend the meeting personally.

（3）轻重有分。同等重要的用 and 来连接。

（4）要注意承接词的运用。例如，but（相反），therefore（结论），also（增添），for example（阐明），furthermore 和 moreover（而且）。

（5）句子开头不用含糊不清的指示代词。例如：

These decisions have been a big disappointment to the committee members. They have delayed further action.

They 在这里指代不清，因此在句子开头要少用 this, that, it, they 或 which。

（6）修饰词的位置要小心。例如：

He could only refund（退还）the cost after July 15.

应为：He could refund the cost only after July 15.

（7）用语要准确,切忌含糊。例如：

The figures show a significant increase Significant

这一词不能准确地表达增长的程度,可以改为：The figures show an increase of 19%. 这样以具体数字表示的词。

（8）立场观点一致,少用被动语态。例如：

Partial data should be submitted by April,

改为：You are requested to submit partial data by April. 或者：You are expected to submit partial data by April. 这样一改让人阅后就感到很舒服了。

（三）格调技巧

（1）式样和句子长度不要太单调,千篇一律的 subject verb object 太单调乏味,有时短句与长句可以相互搭配。

（2）be 动词（e.g. was, were, is, are...）可以加强一点。例如, The products are highly effective in... 改为：The products excel（胜过他人,优于）in... 就有力得多了。

（3）亲切、口语化比较受欢迎；用被动语态有时使人觉得受冷落。例如：

This information will be sincerely appreciated.

We sincerely appreciate your information.

很明显我们会喜欢第二句。

（四）称谓技巧

（1）对方的名字、头衔千万不要搞错。

（2）称呼一个男人以上,用 Messrs,就是 Misters 的意思,不过该词后面不要跟名字,要跟姓氏。例如, Messrs, Smith, White and Brown。

（3）某人有自己头衔就要跟紧。例如某人有荣誉学位就不喜欢用一般的头衔。写姓名时,职衔短则一行,长就两行。例如：

Ken Green, President

Ken Green

Vice President of International Operations

（4）地址要低于日期一至两行。

（5）外国国名要用大写，是为尊重，也方便邮递。

（6）地址上的数字直接用阿拉伯数字，除了 One。例如：

127 Ninth Avenue, North

127 E.15 Street a 5 Park Avenue

One Wingren Plaza

103-8 Street

二、案例分析

20 年前，蓝天音像制品公司在北京成立，由于采取成功的市场营销策略，公司得到迅速的发展，迄今已在全国拥有 12 个经销分店。各分店经销的商品包括 CD、DVD、VCD 磁带、唱片以及教学音像制品等，其商品目录超过 8 万种，比其主要竞争对手多出三四倍。而且，顾客需要的商品如果库存缺货，只要市面上有售，商店通常能在两周内满足顾客的要求。总之，该公司在音像制品销售行业以品种多样、价格合理而著称，颇受顾客欢迎。

大约两年前，蓝天音像制品公司实行多种经营，开始经销电脑游戏软件、录像机、T 恤衫、音乐会入场券、各类书籍和连环画册等。这些新业务并非都是有利可图的，结果导致公司的利润急剧下降，使公司面临很大的挑战，管理层也感到了巨大的压力。

（一）相关资料

1.A CHANGE OF LEADERSHIP

After the founder of Blue Sky Records died, a new Chief Executive Officer, Lan Boge, took over. However, he failed because he lacked leadership qualities. He was unable to develop a strategy for improving profits and had no clear vision of where the company was going. Also, he did not communicate well with employees, who started to lose confidence in the business. They began to worry about losing their jobs and their morale suffered.

Three months ago, Lan Boge resigned, and his place was taken by someone from outside the company.

2.TASK OF THE NEW CHIEF EXECUTIVE OFFICER

One of the new CEO's main tasks is to motivate staff and raise morale, so that staff will be more productive. He has asked Personnel to carry out a survey of staff attitudes. Questionnaires were sent to all employees below senior management level. The results are summarized.

He has also jotted down ideas for raising motivation and morale, and has asked employees to do the same. The best ideas will be implemented throughout the company.

3.CHIEF EXECUTIVE OFFICER'S IDEAS

Build morale through teamwork outside the office—in sports activities. Form company teams for table tennis, squash, basketball, volleyball, etc. Get employees to participate in inter company competitions, e.g. athletics, swimming events, karaoke, social dancing and so on.

Introduce regular staff meetings which will enable staff at all levels to participate in decision-making.

Set up regular small-group meetings to share ideas, develop plans and help prepare budgets. Also, start an "Employee of the Month" scheme. Everyone has to nominate someone, giving reasons why they should be nominated.

Make sure that the CEO gets out of his/her office frequently during the first year and drops in on staff at different Blue Sky stores.

Encourage staff through meetings and a newsletter (to be edited on a monthly rotating basis by different senior managers) to give ideas and suggestions. There would be cash rewards for the best ideas.

Set up a profit-sharing scheme for all employees related to increased productivity and profits.

Cancel the end of year bonus scheme. Spend some money instead on a spectacular Spring Festival dinner and party at a luxurious hotel.

Families of the staff are invited.

Organize one to-one meetings with senior managers to build morale and generate ideas. Agree targets and objectives with senior managers, who share them with other staff members at regular seminars.

Have an open-door policy in every store. Employees can see the manager whenever they are available.

Create career development plans for all staff, which would involve consultation with each employee.

（二）学生的任务

将下列查询对方公司产品函译成汉语。

1.Work in small groups. Choose six ideas from the Chief Executive Officer's list which you think would be worth implementing. Note down the reasons for your choices.

2.Then think of three other ideas, which are not on the list, for improving staff motivation and morale.

3.Meet as one group and discuss your ideas, giving reasons for your choices.

4.As one group, try to agree on the six best ideas (from the Chief Executive Officer's and your own list) which should be put into effect.

5.Dear Sir or Madam：

We know that you are exporters of textile fabrics（纺织品）.We would like you to send us details of your various ranges, including colors and prices, and also samples of the different qualities of the materials used.

We are dealers in textiles and believe there is a promising market in our are for moderately priced goods of this kind mentioned.

When quoting, please state your terms of payment and discount you would allow on purchases of quantities of not les than 1,000 meters of individual items（每个品种）.

Prices quoted should include insurance and freight（运费）to San Francisco.

Sincerely,

×××

第三章　跨文化维度下商务英语合同的写作

国际商务英语合同是我国与外国平等主体的自然人、法人、其他经济组织之间设立、变更、终止民事权利义务关系的协议,依法订立的合同受国家法律保护和管辖,对签约各方均有法律约束力,所以正确缮写商务合同是国际商务活动的重要事宜。

第一节　商务英语合同的语言特点解析

一、商务英语合同简述

合同对贸易双方的权利与义务进行规定,其对于商务活动意义巨大。可以说,商务活动之所以能够开展,就是以合同的制定作为前提。因此,在国际商务活动中,商务英语合同非常重要。本节首先简述一下商务英语合同的基础知识。

（一）商务合同的定义

英语中的 contract 一词源自法语词 contractus,在法语中,其含义是"契约"。其定义如下:

A contract is a promise enforceable at law. The promise may be to do something or to refrain from doing something.

翻译过来就是:所谓合同,即具有法律约束力的承诺,其可以保证可以做某事或者不可以做某事。也就是说,从法律上说,合同是平等主体的法人、自然人等之间建立的、变更的或者终止的民事权利与义务关系的协议。

在合同中,商务合同最为常见,是法人与法人之间为了实现某些明确的目的建立的一种权利与义务结合的文体。具体来说,商务合同应该是双方为实现某些特定目标,可能是商品买卖,可能是技术转让,可能是工程承包,可能是国际投资等,采用文字形式,对具体的权利与义务进行确立,对债务关系加以确立。在商务合同中,国际商务合同是最为复杂的,也可以称为涉外合同。就一般而言,其指的是某种包含两国与两国以上业务的合同。

商务合同具有信息功能和祈使功能。商务合同主要规定当事人的权利和义务,一方面对当事人进行保护,一方面又对当事人进行约束,规定当事人可以做什么,不可以做什么,所以,商务合同的功能主要在于提供信息。同时,合同要求当事人履行义务,所以又具有祈使功能。

(二)商务合同的种类

商务合同按不同的分类标准可划分为不同的类型。比如,按时间划分:长期合同、中期合同和短期合同;按合同的形式划分:条款式合同、表格式合同;按合同内容划分:购销合同、建筑工程承包合同、加工承揽合同、货物运输合同、仓储保管合同、财产租赁合同、借贷合同、财产保险合同、旅游劳务合同、科技协作合同、出版合同等。

1. 销售合同

销售合同是平等主体的自然人、法人、其他组织之间设立、变更、终止民事权利义务关系的协议。掌握销售合同的写作,有利于更好地在商务领域中生存与发展。

销售合同有正本(original)和副本(copy)之分。它通常包含三个部分:首部(head)、主体(body)和尾部(end)。

(1)首部包括:

①合同名称。

②合同编号。

③签约日期。

④买卖双方的名称、地址、联系方式。

⑤序言。

(2)主体包括:

①货物名称及规格条款。

②生产商/制造商名称。

③货物品质条款。

④数量条款。

⑤单价条款。

⑥总值条款。

⑦包装条款。

⑧运输标志。

⑨装运条款。

A. 装运口岸。

B. 装运日期。

C. 目的口岸。

D. 离岸价格条款。

E. 成本加运费价格条款。

F. 装船通知。

G. 装船单据。

⑩支付条款。

⑪保险条款。

⑫检验及索赔条款。

⑬不可抗力条款。

⑭延期交货和惩罚条款。

⑮仲裁条款。

⑯附加条款。

（3）尾部包括：

①有效日期。

②所遵守法律（也可根据国际规定）。

③双方签名。

④合同备注。

2. 雇佣合同

找到一个理想的职位或聘任一个理想的员工并非易事，一旦谈好，就应该以书面的形式将聘任双方的职责、权益等规定解释清楚，得到法律的认可和保障，以免发生纠纷。雇佣合同就是为满足这个需要而产生的。

雇佣合同也有正本和副本之分，其首部、主体和尾部的构成分别如下。

（1）首部包括：

①合同名称。

②合同编号。

③签约日期。

④序言（雇佣关系）。

（2）主体包括：

①聘任关系（缔结双方名称）。

②聘任期限。

③受聘方工作任务细则条款。

④聘方义务条款。

⑤薪金支付条款。

⑥福利条款。

A. 保险。

B. 医疗服务。

C. 交通费用。

⑦合同有效日期。

⑧修改、终止合同条款。

⑨仲裁条款。

⑩附加条款。

（3）尾部包括：

①所遵守法律（也可根据国际规定）。

②双方签名。

③合同备注。

3. 中外合资经营合同

中外合资经营企业合同是指外国公司、企业和其他经济组织和个人，按照平等互利的原则，在中华人民共和国境内，同中国的公司、企业或其他经济组织所签订的共同举办合营企业的合同。它一般由中外双方投资者经过谈判达成，包括以下内容。

（1）总则。

（2）合作各方。

（3）成立合作经营公司。

（4）生产经营目的、范围和规模。

（5）投资总额与注册资本。

（6）合营各方的责任。

（7）技术转让。

（8）产品销售。

（9）董事会。

（10）经营管理机构。

（11）设备购买。

（12）筹备和建设。

（13）劳动管理。

（14）税务、财务、审计。

（15）合营期限。

（16）合营期满财产处理。

（17）保险。

（18）合同的修改、变更与终止。

（19）违约责任。

（20）不可抗力。

（21）适用法律。

（22）争议的解决。

（23）合同文字。

（24）合同生效及其他。

二、商务英语合同的语言特点

商务英语作为一种法律性的文件，其集合了实用性、专业性等为一体，因此在语言方面，商务英语合同不仅涉及商务英语的特征，还会融合法律英语的特征，这就体现了商务英语合同的双重性。下面就来分析商务英语合同的语言特点。

（一）词汇特点

合同英语的用词极其考究，具有特定性。具体体现在以下几个方面。

1. 多使用正式用语

合同英语有着严肃的风格，与其他英语文本有很大不同。现将一些常见的正式用语列举出来, 如表 6-1 所示。

表 6-1　常见合同用语

合同用语	一般用语	汉语译文
approve, permit	allow	允许, 批准
as from	from	自……日起
as per/ under/ subject to/in accordance with	according to	按照、根据
as regards, concerning, relating to	about	关于
assign/transfer	give	转让
authority	power	权力
by virtue of, due to	because of	因为
cease to do	stop to do	停止做
commence	begin	开始
construe	explain	解释
convene	have a meeting	召集会议
deem/consider	think/believe	认为
in effect	in fact	事实上
in lieu of	instead of	代替
intend to do/desire to do	want to do/wish to do	愿意做
interim	temporary	临时
miscellaneous	other matters/events	其他事项
obligation, liability	duty	责任, 义务
pertaining to/in respect to	about	关于……
preside	chair, be in charge of	主持
prior to	before	在……之前
purchase, procure	buy	购买
require/request	ask	请求, 申请
revise/rectify	correct	纠正, 改正
said	above	上述
supplement	add	添加, 增加

合同用语	一般用语	汉语译文
terminate/conclude	end	结束,终止
variation/alteration/modification	change	改变,变更

2. 多用专业术语

一般人会认为商务合同晦涩难懂,但是合同用词不以大众是否理解和接受为转移。这些专业术语的使用是合同语言准确表达的保障。下面列举一部分这类专业术语。

（1）"房屋出租"用 tenancy,而"财产出租"用 lease of property。

（2）"不动产转让"用 conveyance,而不用 transfer of real estate。

（3）还款或专利申请的"宽限期"用 grace。

（4）"合同任何一方当事人不得转让本合同"英文表述为"Neither party hereto may assign this contract."其中 hereto 表示 to the contract,很少选用 neither party to the contract。

3. 并列使用同义词和近义词

出于严谨考虑,商务合同允许同义词和近义词的重复出现,用 and 或 or 把两个或多个短语并列起来是合同用语的一大特色。例如:

Party A acknowledges and agrees that the technology it will receive from Party B during the term of this Contract shall be kept secret and confidential.

甲方承认并同意在合同期内由乙方提供的技术应属秘密。

4. 使用 may, shall, must, may not（shall not）

在商务英语中,上面几个词的含义分别解释如下。

may,对当事人的权利进行约定,即可以做什么的问题。

shall,对当事人的义务进行约定,即应该做什么的问题。

must,对当事人的义务进行强制,即必须做什么的问题。

may not（shall not）,对当事人的义务进行禁止,即不可以做什么的问题。

需要注意的是,may do 不能说成 can do,shall do 不能说成 should do 或 ought to do,may not do 在美国一些法律文件可以用 shall not,但

绝不能用 can not do 或 must not。例如,在约定解决争议的途径时,可以说:

The date of registration of the cooperative venture company shall be the date of the establishment of the board of directors of the cooperative venture company.

合资公司注册登记之日,为董事会正式成立之日。

may, shall, should, will, may not, shall not 等词的确很常见,但是在合同中这些词具有特殊的意义,所以使用起来要极其谨慎,避免引起纠纷。

5. 借用外来词

商务合同属于法律英语的一类,因此它也会有法律英语的一些特点,如沿用外来语。在商务合同中比较常见的是拉丁语和法语。例如:

词汇	来源	含义
pro rate tax rate	拉丁语	比例税率
pro bono lawyer	拉丁语	从事慈善性服务的律师
agent ad litem	拉丁语	委托代理人
force majeure	法语	不可抗力

(二)句法特点

1. 频繁使用套语

作为一种正式文件,商务英语合同在表达上势必会运用一些固定的模式,长久下来,这些模式就成为约定俗成的表达与套话。常见的套语具体包含如下几点。

if and to the extent 如果……及在……范围内

beyond the control of... 超出……的控制范围 / 是……无法控制的

including but without limiting... 包括但不限于……

2. 主动语态表责任

为了突出责任人,当谈及当事人的义务时,常常使用主动语态,这样使得责任和权利的划分更加明显。例如:

Party A shall bear all expenses for advertising and publicity.

甲方应承担所有广告和发布支出。

3. 多用陈述句

为了保证商务英语语言表达的客观与真实,将贸易双方的责任、义务都能阐释清晰,在签订商务英语合同的时候,往往会运用陈述句。例如:

The Employer may require the Contractor to replace forthwith any of its authorized representatives who is incompetent.

雇主可以要求承包商立刻更换其不合格的授权代表。

4. 多用条件句

商务合同中会涉及大量条件句,因为双方享有的权利和要履行的义务都要满足一定的前提条件。这些条件句常用 if, in the event of, in case（of）, should, provided（that）, subject to, unless otherwise 等连接词引导。例如:

In case the Contract terminates prematurely, the Contract Appendices shall likewise terminate.

如果本合同提前终止,则合同附件也随之终止。

第二节 跨文化维度下商务英语合同写作的要求

一、准确

合同文字必须确切。有关双方的权利和义务必须同所达成的协议完全一致,不能有丝毫含混不清或不相一致的地方,这就要求合同起草者选择确切的词语。

（1）在合同中使用业务上惯用的名词、术语,不要任意更改译名。

（2）使用国际贸易中通用的贸易条件,并注意各种符号的正确写法和大、小写字体等。

（3）注意字词的正确搭配,特别要注意同义词不可混用。

为了保证合同文字确切,避免引起误解,在同一合同中,甚至在同一段落中,同一名词也可重复多次,而不必考虑用语多样化,也不要用代词、同义词去替换。

二、简练

合同文字必须简练。冗长累赘的字句往往使人费解,甚至还会引起误解。要使文字简练,应当注意以下几点。

（1）非必要的词语,一律删除。

（2）句子结构尽量简单、紧凑。

（3）使用单词代替词组或短语。

（4）用短语代替从句。

（5）避免使用并列同义词,尽量用单词代替,但惯用的法律用语仍应沿用。

三、格式化

合同的形式应符合一定的格式。一份合同的基本格式包括概要、条款和详细规则。一般而言,一种合同的格式沿袭下来已被承认与接受,这种合同格式将被套用。如 It is the intention of the University that...; It is the hope of the undersigned that...; It is further intended that...; The principal aim of the Joint Working Group was to agree... 等。

四、严谨

合同的语言必须严谨。在用词和字句安排上应使人一目了然,毫不费解。下面列举一些做法。

（1）按正常语序组织词句。这包括使用自然语序的句子和把定语和状语放在它们所修饰的词语前后,在中间不要插入其他成分。

（2）注意结构上的严谨。在合同中,允许重复同一词语,不须用代名词来代替。如使用代名词时,必须在结构上清楚地表明它代替了哪个名词。使用比较级词语时,要明确同什么相比较。

第四章 跨文化维度下商务英语广告的写作

商务英语广告作为商务活动的特殊产物,是一种以服务于商业活动为目标,集实用性、专业性、目的性于一身的语言工具。商务英语广告中包含众多商务活动的内容,形成了自身鲜明的语言特点,更加适应商业活动的需要。

第一节 商务英语广告的语言特点解析

一、广告文的措辞

词语是广告文的基本单位。每篇广告都是各种词汇的有机结合,广告的创意很大程度上要依赖词汇的表达效果。所以在创作广告时,对词语的选择是相当关键的。它直接影响到许多方面:广告文的针对性、广告文的语气、广告文的最终效果、广告文的和谐性等。所以,许多国外广告学家认为在广告文的选词方面应当提倡"right word in the right place"。

广告文的撰写者一般对词语都有很深的造诣,对各种词汇的含义、所能表达的语气也有较深的了解。选词恰当往往能给广告带来意想不到的效果。对词语的选择过程常常也就是寻找写作技巧的过程,如反语、双关语的运用,场景的描述等都有赖于对词语的选择。一篇广告的措辞往往又受到广告本身的各种因素的限制,如产品的性质和特点,目标受众,产品的市场定位等。有时广告的目的不同,所选用的词汇也有所差异。如已经成熟的品牌,其广告的目的主要是加深消费者对该产品的印象,扩大其市场占有率,所以多采用平稳叙实的措辞方式。以介绍新产品、新的消费理念为主的广告,多采用新颖愉快和乐观向上的词汇,目的是为了让读者接受新产品,适应新的观念。又如,商业广告和公益广告因其目的不同,所用的词汇自然也有很大差别。公益广告由于要提醒人们去做或不做某件事,所以多选用告诫性、提示性的词语。

请看下面几则广告,注意其措辞上的差别:

航空公司广告:

标题:On Vietnam Airline no one has to learn how to smile.

正文:While most airlines have to train their cabin crews on how to relax and be more hospitable 9 Vietnam Airlines doesn't need to. Politeness, graciousness, and genuine caring, are way of life in Vietnam...

新型护发素广告:

标题:Nature...it works!

正文:Luscious Wild Cherry blended with rich Jojoba & revitalizing Honeysuckle moisturize and restore for shiny, beautiful hair.

防火安全广告:

标题:Somebody's dream turn to ashes.

正文:Last year alone, the Bombay Fire Brigade answered 3,159 Fire calls.

In spite of our best efforts, 86 lives were lost, property worth over Rs 5 crones was destroyed. By fires that, in most case, could have been prevented.

If only someone had not been careless.

Every day, firemen risk their lives to save someone else's. That's their job. But then, it's everyone's responsibility to help prevent fires. Everyone's.

Remember. One thoughtless act is enough to start a fire. You might live to regret it. Someone else might not be as lucky.

不难看出,以上几则广告由于目的不同,措辞也各有所异。措辞上的差异又影响了广告的效果。航空公司由于要为旅客服务,所以选用的词汇多表现出热情、温暖、礼貌和关爱。美容产品广告则无疑更多地选用如何美化人们自身,美化生活的词汇。而防火安全广告的措辞不仅带有警戒的意味,而且使得通篇带上了后悔和遗憾的色彩。

广告人在选择词汇时,还要预见到措辞的有效性。有的时候,广告措辞的基调很正确,段落的安排也恰当,但是广告并未达到预期的效果,这种情况的发生极有可能是词语使用不当造成的。广告的写作要求是词汇要使用得恰如其分,因此,在创作过程中要不断地修改措辞,有时一个词语的改动会使得广告文满篇生辉。

(一)措辞的原则

1. 恰当的人称

一般来说,广告文的撰写在措辞上有一点与商业信函的撰写是共同的:站在对方的立场考虑问题。具体到广告文上,就是要多为消费者着想。因此在这个原则的指导下,广告文多采用第二人称。第二人称可以较容易地消除厂家与客户之间的陌生感。

当然,广告中有时也会使用其他人称。如第一人称的使用可以使读者更多地了解生产者本身,而第三人称往往被使用于证言式或叙述式广告,目的是通过第三者的证明来增加产品质量的可信度。还有一种情况,就是各种人称混合使用,通过对比各自的利益来突出消费者的重要。例如:

A signature that's as distinctive as yours.

So much flavor that you will never miss your high "tar" cigarette.

Why not the world's largest real estate sales organization help you?

Whatever may happen, remember that we're always there to help you.

We've hidden a garden full of vegetables where you'd never expect. In a pie.

We improve, you move.

First ladies wear this necklace.

The smile on his face is not false. It is true.

上述的广告语中,第一、第二、第三人称都有对比使用,更加突出了消费者的利益。请看下列一则广告,它完全使用第三人称叙述一个故事:

标题: 30% of our readers own two homes.

That's two wine cellars, two home offices, and eight automatic garage door openers.

正文: Nearly one in three Barron's readers owns two homes. The rest may not live quite like the other third but they spend like it. Barron's readers typically shell out twice as much as other affluence homeowners decorating their walls with exotic wallpapers. Their shelves with rare collectibles. And themselves with fine jewelry and watches. Their expenditures exceed by slightly smaller, but no less impressive, percentages on everything from shoes (40.9%) to cameras (50.3%) to sports equipment (65.5%).Which makes Barron's something any advertiser can use. A magazine that works twice as hard for your money.

这是一则杂志广告,它通过第三人称复数的应用,生动地描绘了"Barron's"这本杂志读者的层次、品位之高,无形之中将杂志自身的品位也衬托出来了。

2. 易懂性

所谓易懂性,是指广告文的措辞应尽量避免晦涩冷僻的词语,而多使用能为各个层次消费者所接受的语言,同时还要避免那些已经为人们所遗弃的陈词滥调(clichés)。易懂性的另一个特点就是便于记忆。简洁通俗的词汇不仅能很好地传达产品信息,而且能加快阅读速度,所以容易为读者接受。易懂性这一优势尤其体现在商标名称的设计上。简单上口的商标往往给人们留下更深的印象。例如:

标题:Air France is about to prove that lying flat on your back in the air is not just a illusion.

正文:Your eyes are heavy, very heavy. Now all you can hear is my voice. You are on the I'ESPACE180 seat. It reclines through 180 degrees. You feel relaxed. Very relaxed. Its surface is so smooth that you can even sleep on you stomach. You're feeling just fine. You're sleepy. Now you're going to sleep. Sleep. One, two, three...you are asleep.

这是一篇航空公司的广告,其中的每一个词都是常用的,加之简短的句式,生动地展现了这种新式机舱座位的功能。它借用了魔术师施用催眠术时的语言,使人读来浑身放松,印象颇深。

请对比下列两组词,所有这些词都过于晦涩华丽,而括号中的词表达效果更好一些。

attempt(try)inaugurate(begin)

purchase(buy)incarcerate(jail)

purloin（steal）employ（use，hire）

antagonist（enemy）maintenance（care）

veracity（truth）facilitate（make）

peruse（read）eliminate（save，get rid of）

3.多种词汇并用

措辞时，广告创作者应当多方考虑各种词性的词语，一篇广告不能局限于只使用某种词性。多种词性的运用能够使广告更加生动。多种词汇的第二种含义是指一词多性的用法。有时因创意的需要，一个词需重复使用，但为了避免一个词多次使用而引起的枯燥乏味，写作者往往将这个词变换多种形式，运用它的各种词性。词汇多样性还可以指同义词多样性，即充分运用英语中一义多词的特点，利用同义词来重复说明某个概念。例如：

标题：super-soft toilet tissue

Izal Soft

The only toilet tissue that's softened with Lanolin

正文：Izal Soft so soft and gentle，because it's the only toilet tissue that's so softened with Lanolin. And only Lanolin gives you and your whole family that very special soothing softness. …that Izal super softness…They'll welcome the gentleness of the softness toilet tissue. Next time you shop，choose Izal Soft in any of five fresh colors.

这是一篇卫生纸的广告。它的主题就是突出这种卫生纸柔软的特点，标题直截了当地表现了这一特点。全文用了十多个与"柔软"有关的词，但读起来并未显得枯燥乏味，原因在于创作者没有简单地重复soft这个形容词，而是综合利用了它的动词、名词和形容词最高级形式，其中还穿插了gentle和gentleness来避免因重复而引起的单调。但是多种词汇并用绝不是主张运用华丽、高尚或生冷的字眼。过于华丽的词藻可能会引起读者一时的好奇，却失去了更多潜在的顾客。

下面的例子有效地运用了多种词汇。

标题：It's 2 a. m.，4000 miles from home and your stomach says，"Let's do lunch."

Room service responds，"Of course."

正文：Travelling on business can make unusual demands on you，

and that often translates into an unusual order for us. Fortunately, at the Regent? We speak the same language. So when your internal clock is set for an entirely different time zone and you feel like doing lunch, just ask. Our time zones are universal. The Regent. Where our standards meet yours.

4. 动感性

一篇富于动感的广告最能够吸引读者的视线。广告策划者往往通过画面来表现动感,比如电视广告。广告文中的动感却更多地通过动词来体现。动词能够为广告文注入力量和生命。没有动词的广告是静止的广告,很难对读者产生什么影响。例如:

标题:We do a lot of things to computer systems

正文:We finance them. We lease them. We upgrade them. We configure them. We improve them. We customize them. We asset them. We package them. We store them. We deliver them. We protect them. We network them. We integrate them. We support them. We serve them. So you can work faster? Better, cheaper.

此则广告语言简练,而且动词占了相当大的比例。每一句话都是通过一个动词来展现一种不同的服务。排比式的句子使得整篇广告文读起来整齐划一,朗朗上口,增强了广告文的力度和说服力。

有时,相应的短语或动作性的副词也能收到同样的效果。例如:

In for you, out for her.

The market is up, the market is down. Who can figure it?

5. 创造新词

创造新词在广告文中很常见,所以有必要探讨一番。但严格地说来,这并不能算是措辞的原则。所以在创作广告文时,写作者没有必要挖空心思去创造什么奇异的字眼。相反,应当顺应自然,创造新词是指为了将广告主题表达得淋漓尽致,有时要合并两个或两个以上的词的意思,用以同时表达几个方面的含义。从某种意义上来说,这种生造的词语成了言简意赅的最佳表达方式。

广告英语中新词的创造大致分为三种情况:一是巧妙地运用英语中的前后缀。将有些本来不加前后缀的词加上前后缀,使语义变得生动活泼,引人入胜。二是创造一些合成词,将本来需要一句话来表达的意思用一个合成词来表达。三是巧用语音规则,故意将某些词按照语音写成新的拼写方式,这种词常出现在产品的品牌或公司的名称中。例如:

Unzipp a banana.

The orange most drink in the whole world.

This year, pass a beary Christmas.

Timeless, Season less Every wear dress.

It's got peel ability.

Outdoor bitable.

…enchanting designs that make up oh-so-gorgeous Molnlcke Swedish fabrics.

读这些句子,读者并不难理解它们的意思,尽管其中包含了一些读者不熟悉的甚至是从未见过的词语。如"unzipp",意为"拉开"(unzip)错拼形式,它主要用来表示拉开衣物、包箱等,而文中将这个词与香蕉连用,并且重复了字母"P",给读者一种很强烈、很形象的动作感,好像香蕉真的需要拉开一样。

读者一看就知道是宣传橘子汁的。但它没有单用"orange"这个词,也没有使用人们已经习惯的描绘食品的形容词,如 fantastic, delicious, juicy 等词,而是出乎意料地演绎了"orange"这个词,并佐以最高级形式,其含义不言自明。

将名词"bear"改写成了形容词"beary",而"beary Christmas"又很明显是从"Merry Christmas"演绎而来的。这种演绎很生动地表现了主题,而且使人想起了白雪皑皑的冬日,还不忘向读者们问一声"新年好"。

例句中都巧妙地将原词进行了演绎,或是利用英文中的前、后缀,或是运用谐音,总之,都使广告文有读来令人耳目一新的感觉。

值得一提的是,最后一句中的"gorgeous"这个合成词,它是直接从人们日常口语中引用来的,表达了 very gorgeous 这一含义,却远比后者生动形象。

（二）措辞过程中应避免的做法

1. 避免意思笼统的词

广告是一种传达信息的媒介，它要给读者勾画一个清晰的产品轮廓或概念，因此广告文在措辞时，要尽量使用语义具体的词汇，应当注意词义的到位性。广告中的各项语义的表达应当落到实处。语义泛泛的词对广告主题的表达没有什么帮助，反而容易使语义变得模棱两可，使人读后不知所云。请看下列广告语，读后人们并未了解这些产品的特点。

The system.

Our product is just wonderful.

The greatest invention of the world.

Everyone knows what we are talking about.

You may ask those who have used it.

再请看下列各句，比较它们在措辞上与上述各例有何不同。

Look again. Colors that Last so long, Blend so smooth, Stay so true.

The taste is more orange. You can try and see.

Heineken refreshes the parts other beers cannot reach.

Flash. Dash. Classic splash.

They say in thirty years, a burger & fries could cost $ 16, a vacation $ 12,500, and a basic car $ 65,000.

No problem. You will eat in. You won't drive. And you won't go anywhere.

可以看到，第一组的句子中，由于所用词汇过于笼统，所以句子的意思并没有表达清楚。虽然其中也使用了一些形容词和副词，如 greatest, wonderful 来表现产品的特征，但给人的感觉都是泛泛而谈，所以广告不具吸引力。而第二组就比较具体，不仅在用词上更加形象化，而且借用了较多的修辞手法，使主题表达得完整有趣，并使得行文如同流水一样顺畅。

2. 避免使用陈词

广告的文案创作中，有一些词最初使用时曾经激发过人们的兴趣，所以为广大的广告创作者借鉴而被广泛使用。久而久之,这些词成了千篇一律的象征,渐渐失去了往日的吸引力,这种词就变成了陈词,这也是广告要强调新颖性的原因之一。常用的陈词,至今仍出现在广告中的一般有: the most famous, the No. 1 quality, the newest, most, latest, great, wonderful, good 等。

(三)广告措辞中认可的语法错误

在广告文的写作过程中,创作者常常故意拼错一些单词,以期达到特殊的阅读效果。这种创作手法在汉语广告中一度被广泛使用,特别是汉语的成语,常因广告效果的需要而被篡改,如"十全十美"写成"食全食美";"机不可失"写成"鸡不可失"等。

英文广告中的错拼常用的形式有:违反某些语法规则(如违反主、谓、宾的正常语序),或者将词语进行错误的搭配等,这些特殊的手段都可以收到意想不到的效果。比如:

If you want a little healthy cat, do a little healthy reading.

A closed mind limits us all.

Only two Alka-Seltzers ago,

You were feeling downhearted and low.

Who would ever know you were under the weather,

Only two Alka-Seltzer ago?

It makes impossible impossible.

Unzipped the banana

上述运用的是错误搭配形式。healthy 一词似乎常用于描绘食品、饮料等,而很少与"阅读"一词连用。但用在这里并未显得突兀,反而给人新颖的感觉。Alka-Seltzer 是商品的名称,按照语法规则,ago 前应当是表示时间的名词或名词短语,如 one month ago, three weeks ago 等。将产品的名称放在时间副词前不仅创造了一种新意,而且表明了主题:自从有了 Alka-Seltzer 以后,您的健康就有了保障。如今 Alka-Seltzer 的产品已经经历了两个阶段了。

值得一提的是,英文广告中的错拼形式是创作者在创作过程中偶然的灵感激发,而不是为了达到某种目的绞尽脑汁的故意所为。认可的语法错误应当能够让读者一目了然,所表达的意思明确自然,才能收到创作者所期望的意想不到的效果。

二、广告文的语气

广告的语气和措辞是密切相关的,因为广告的语气同样关系到产品的市场定位,广告文的基调及其所产生的效应等。同一种产品,创作广告时选择了同一组词,但是由于广告采用的语气不同,就会在消费者中产生不同的影响。恰当的语气可以协助文字将产品信息顺利地传播出去,并与读者之间建立良好的交流。

同时,广告的语气也受到诸多因素的制约:产品不同、目的不同、类别不同、面向的读者群不同,都会影响广告的语气。例如:

标题: Why the dark clouds of economic uncertainty will soon blow over.

正文: There have been dark clouds hovering over Malaysia lately. One such cloud has cleared... the haze. Yet when we were about to enjoy blue skies again, another dark could set in... economic uncertainty.

We Malaysians, however, expects this to clear too. In due time. With an optimism that is borne out of four decades of incredible economic growth the world has been witnessed to.

以上选自马来西亚在 1997—1998 年金融危机时的一篇招商广告,所采用的语气凝重严肃,但又充满了信心和希望。凝重的语气可以从其所用的词汇中体会出来,如 dark clouds, hovering over, haze, uncertainty 等。

标题: Rebel. A bike you can afford to be seen on.

正文: The Honda Rebel has everything you want in your first motorcycle. For only \$ 1,498. Great looks and a great price make it America's most sought after motorcycle. The Rebel is easy to ride and economical to maintain. With Honda quality throughout, it'll stay that way. Best of all, you can ride it home for just \$ 1,498.

对比上一篇广告,此篇广告由于是向读者介绍一种新产品,因此所采用的语气充满了信心和乐观向上的精神。

（一）广告中常用的语气类型

总体说来，广告中的语气应当是积极肯定的。在积极肯定的基础上，广告的语气又可具体分为以下几种。

1. 幽默的语气

幽默是生活的调料，是交际的润滑剂。幽默的语气在广告中也有广泛应用。带有幽默语气的广告文相对来说更能吸引读者的注意力。而以幽默语气表现的广告主题对于促销大有裨益。由于幽默语气所营造的轻松愉快的氛围常使读者的情绪受到感染，因此读者对产品容易产生深刻印象。对于厂商来说，在广告中采用幽默的语气不仅能够替自己树立一个非同寻常的企业形象，而且能够帮助消费者消除对厂商的不信任感。请看下列一则广告，注意它是如何运用幽默语气的。

The moment of truth：

Plates are cleared.

The chairs pushed back.

Coffee comes.

Do you have that dessert?

Or do you stay on your diet?

In a word：both.

标题：When you don't feel better,

You blame the doctor.

When you get well,

You thank the Lord.

正文：If there is one person who comes closest to understanding the miracle that is the human body—that is your doctor. He can read the intricate rhythms and patterns, explain and treat peculiarities.

But sometimes you'll come home from his clinic not feeling on the top of the world that makes you cynical of him. You lose confidence in his treatment...

以上两则分别是甜品和公共医疗广告。在第一则中，幽默语气表现在它对场景的描写上：晚餐已经结束，盘子已经撤走，椅子已经收回原处,开始上咖啡和甜点了,你怎么样?是继续你的减肥计划还是吃了这块甜点?一句话,你可以同时做到这两点:我们的蛋糕既能保持您的体形,又能饱了您的口福。

公共医疗广告是一则公益广告,它提醒人们每年定期检查身体。这则广告的幽默性表现在标题中,揭示了这样一个人性的弱点:人们往往好了伤疤忘了痛,身体不好时才想起医生,而身体健康时就忘了他们。再如:

You always said you M start planning for the future when you got your first job.

Then it was when you got married.

Then you had kids.

Unlike me, my Rolex never needs a rest.

You always said you would earn $ 500,000 by the age of 50.

Next year you will be 45.

And you have saved $ 50,000.

So you will have $ 450,000 to be earned in the next five years.

You couldn't resist the adorable little tennis dress.

But were you to know that when you attacked at the net, your zipper would be the one to surrender?

You should have made sure the dress had a zipper you could rely on. Like the Talon Zepher Nylon Zipper.

这些句子选自不同的广告文。幽默语气大多来自对读者所面临问题的描绘。例句中不仅深刻地剖析了许多人,特别是男性想成就一番事业、拥有大笔财产的心理状态,并且用极其幽默的口吻挑明了许多人在无法实现自己的抱负时的尴尬。而这种幽默语气仅仅是通过几个数字的对比表现的,在潜意识里暗示了人们急于实现个人愿望的迫切性。提出这样一个论题后,广告为自己的下文做了很好的铺垫:参加我们公司的投资项目吧,它可以帮您在短时期内实现自己的抱负。

广告中的幽默语气在使用时应当注意不要"喧宾夺主"。有时创作者过于强调广告的幽默效果,为了博得读者会心的一笑,在无形中忽视了广告主题的表达,这种做法是得不偿失的。因为读者往往只为广告中的幽默语气所吸引,而淡化了对产品或厂家的认知。

广告中幽默语气的创作应当是通俗的、生活化的,是建立在常识基础上的,而不是建立在作者本人的阅历和理解力上的。幽默在广告促销中只是一种辅助因素,不是决定性因素。单靠幽默语气就想获得丰厚的售后利润是不可能的,因为读者在真正了解产品特性之前是没法做出购买决定的。

2. 面向个人

面向个人的含义,是指创作者在创作时应当将广告看作写给某个读者的私人信件,而不是写给所有人的宣传品。这样做的好处是,每个读者都会认为自己受到了特别重视,被给予了特别的关心,而没有被等同于其他人。以这种语气出现的广告富于亲切感,有时还带着一点隐秘的色彩,能够满足消费者一种自尊自满的心理。例如:

标题: What gives a woman style?

正文: Now you can read the background stories of some women. "I'm nothing to look at", the Duchess of Windsor admitted. Titan Acosta Lydia paid no attention to what was "in fashion". Jacqueline Kennedy Onassis had none of the attributes of the ideal American girl. And Diana Vreeland never had money. Yet each of these women had a personal magnetism and allure so strong that she could "dominate a room from a footstool". How did they do it?

And what can you learn from them? I suggest you reading a book, from which you learn all these stories in detail.

The power of style is a riveting examination of the lives, struggles, secrets, and triumphs of fourteen women who came of representing the epitome of style during the 20th century...

To tell the truth, it will be the most talked about book of this fashion year. And... Sh-sh- sh-sh-sh! It will be 20% off just for you!

上例中的语气带有很明显的个人色彩,读起来就像两个朋友间的促膝谈心。再请看下列广告:

You may ask others what they are using for whitening their teeth.

Anyone can succeed in our receipt.

All other people have enjoyed our comfort, why not you?

以上各句中存在的缺点是它们都使用了笼统的人称代词,如anyone, others, other people 等,这样的广告很难引起读者的兴趣,因为它们没有将每一个读者看作独立的个体，读后并没有感觉受到特别的待遇。

3. 口语化

广告文的另一种语气是轻松休闲的口语化语言。由于这种语言直接来自人们的日常生活，所以读来很像是和广告创作者之间的对话。句式短小精悍，常用省略句和悬浮句，甚至片言只语或者俚语，这种广告文给人一种随意、亲切的感觉。例如：

What is soap doing for your face? Listen to women who stopped using it.

"You know that tight, dry feeling you get after you wash with soap? I didn't feel that with Dove."

"When I stopped using soap and started using Dove, my face just wasn't dry anymore. I feel 20 years younger."

"Soap made me feel like I had a mask on. Tight and pulling. Dove is 100% better than soap."

标题: Can you find the turtle in this picture?

正文: Give up? Well, we admit it — the question is tricky. See, this is a Banana Turtle Torte. And here's another bit of trickery. The dish — a recent feature in Bon Appetite magazine —is deceivingly easy to make. Bon Appetite makes the impressive simple... the ordinary, extraordinary... the familiar a surprise J A classic French Chou route in only 40 minutes.

Baked bean Soup... Omelets Stuffed with Goat Cheese, Tomato and Pasta I (why not?) Bon Appetite is more than a cooking magazine. It's people and parties. It's menu plans for casual gatherings. A formal dinner for eight. An outdoor picnic. Advice on what to put in your wine racks. Exciting restaurants travel destinations.

以上两例中都采用了休闲随意的语气，似乎正在与读者谈心，细心地向读者介绍某种产品。从语法的角度来看，两则广告的语言都不十分严密，而这种不严密恰恰反映出其浓重的口语化特点。

4. 真诚

广告语气的真诚体现在广告如实地告知读者产品的特点，不管是先进之处还是不足之处。一般来说,这种广告语气的大前提是积极肯定的,但是聪明的广告者会坦然地将自己产品的缺点也告诉消费者,这样做反而会赢得读者的信任。因为很多厂家都知道,与其让读者自己发现产品的缺憾,不如如实告知他们,并保证以后会改进这些不足。例如:

The cigarette is harmful to your health ; ours is no exception.

Nobody is perfect,

Our car is ugly, but only skin-deep.

Look inside...

Our watch does not walk accurately, 24 seconds slow one day . Think over before buying.

We print anything you want, except money.

以上介绍了广告创作中的几种主要的具体语气,其实根据产品种类的不同和广告最终目的不同,广告可以采用各种语气,但总的原则是广告要积极肯定,以能够迅速传达产品信息为目标。

(二)不恰当的广告语气

广告写作中,有几种语气是应当避免的。比如消极、否定的语气,命令式的语气,说教式的语气等,都令人有一种受训的感觉。这种语气首先使读者在心理上产生不适感,其次,这种语气对主题的表达也没有什么帮助。消极、命令式的语气在广告的写作中时有发生,而且常出现在那些仓促间完成,急于抢占报纸、杂志或其他媒体版面的广告中。下面具体介绍两种不恰当的语气。

1. 无限权威

有的广告标榜自己的产品十全十美,自己的企业无所不能。带有这种语气的广告,其语言特点是过于夸大,过分自吹自擂,因而很容易引起读者的反感和厌恶。这时的产品往往被超值宣传,读者得不到真正的产品信息。例如:

Perfect to every kind of pains.

When it comes to support, no one can match us.

You should trust us best, since we combined all the advantages of others and can offer you the perfect type.

标题：Since you can buy ××××, why not throw away other brands?

正文：The most marvelous painkillers. You can get it now. Headaches, toothache, stomachache, and many other unnamed pains would be no more trouble to you. The small, red and round tablet makes everything easy for you, brings you a bright future, comforts you while sleeping, and sharpens your mind at work desk. Believe us. We ensure that you will feel good about yourself, about your life styles and your future.

使用无限权威式语气的广告经常使用形容词最高级，鼓吹"××× 是最好的"，这种措辞降低了广告文的可信度。常用于无限权威型语气的词语还有：the most exciting, brilliant, effective, reliable, most important, most talked about, the latest, the finest, the best world has to offer, amazing, exclusive, the most 等。

2. 恐吓的语气

广告中另一种应当忌讳的语气就是恐吓，有些创作者针对某些消极现象，用令人震惊的词语对消费者提出警示，其初衷是想让消费者意识到购买此产品的重要性。然而这种忠告往往由于创作者在广告中所使用的语气不当而影响了广告的效果。例如：

Carrying a lot of money?

You are asking for trouble.

For possibly you are being preyed by someone.

Seven out of ten school-going children have cavities.

Watch out

Someone has an eye on your pocket.

This is the last chance. If you miss, I'm afraid...

Without our drinks, he becomes sluggish.

三、广告文写作中的修辞手法

文学创作中的修辞手法在广告文的写作中有着广泛的应用。这些修辞手法与词汇、句式共同作用，将广告的主题表达得淋漓尽致。下面就英文广告创作中常用的修辞手法作一番探讨。

（一）明喻和暗喻

明喻是比喻的基本形式。它清楚明白地告知人们两种事物之间的相似之处，其中被比喻的事物称作本体，而用来比较的事物称作喻体；喻体和本体之间用 like，as 等喻词来连接，从而构成一个完整的比喻形式。例如：

Like your baby, kittens need more nutrition than adult cats.

Paul Gauguin dressed like a pirate, looked like a demon, and painted like an angel.

暗喻直接告诉人们"A 是 B"，有时将喻词"是"省略，直接运用喻体，而其中喻体与本体之间的关系则留给读者去想象。在英文广告的创作中，暗喻较明喻运用得更加广泛。再如：

You are the traveler. Your investments are the terrain. We are the map. The feeling is pure silk.

Moving up the market ladder means building up your marketing knowledge.

The Gallivant, the father of all Scotch.

The inside story is leaking out.

A woman express herself in many languages, Vimal is one of them.

除了"A 是 B"的公式之外，暗喻还有很多其他的表达方式：

Pointblank Noble less—an eloquent expression of your personality and individual life style.

Swissair's Europe. The portrait of a continent.

×××, the landscape of his mind.

Louis Vuitton? the spirit of travel.

以上各句中都没有使用喻词"是"，但同样显得很生动。它们的本体和喻体之间或是用了破折号，或是用了逗号或句号，但是读者很容易就能联想到本、喻体之间的关系。广告中的比喻是为了帮助读者建立喻体和产品某一方面之间的某种联想，体会感情上的某种共鸣。运用比喻的另一个典型的例子是 Kellogg's Corn Flakes 广告，它将 Corn Flake 直接比喻成 sunshine：

This little girl knows a lot of tricks.

She knows that sugar and sunshine mix.

And the milk and now you know.

How little girl eat sunshine.

（二）拟人

拟人在广告中能够产生生动的效果。拟人是将无生命的事物或想法赋予生命,使其在文中表现得更具体,更有活力。有时运用拟人的手法,可以给读者的记忆造成出其不意的冲击。例如:

It's easy to say we're in love.

But our diamond says we want to stay in that way.

Persil washes whiter and it shows

Persil takes care of whiteness.

A&E. When the smart money spends its time.

Some of the most beautiful moments in a woman's life are shared by Khatanga.

The outspoken Chanel.

以上各例都使用了拟人的手法,所有的产品都被赋予了动作:钻石开始说话,洗衣粉看护着衣物,布料分享人们的美好时光等,都给读者留下很深的印象。

（三）讳饰

广告中运用讳饰的手法,原因大致有二:一是产品本身比较敏感,其功能或名称不便表达或不太雅观;另一原因来自消费者。有些生理或心理上有缺陷的消费者对含有伤害自己字眼的广告很反感,所以撰写者在创作时应当考虑采用讳饰的方式,即采用婉转的言辞来表达敏感的意思。例如:

The inside story is leaking out.

We know you are both gourmet and weight watcher.

Our cake keeps you on both.

Does your skin pose a problem?

Let Boroline help you solve it.

If world class Rolex has been a bit beyond your budget before,
Tourneau now puts it within your reach.

第一则例句选自婴儿纸尿布的广告,句中用了 inside story 来替代
了 urine 这个不雅观的词。第二则是一篇减肥蛋糕广告,很明显它是针
对那些肥胖者而作的。但文中使用了 gourmet 和 weight watcher 两个词,
而只字未提 fatness, obesity 这些词语,使得行文缓和流畅,和蔼亲近。

（四）曲解

曲解就是在广告行文过程中突然用出乎意料的方式改变读者的思
维定式,使他看到一种未曾预料的结果。有时曲解是将一些约定俗成的
观念作一些意想不到的改动或表达一些与读者的意识相悖的观念,使人
阅后有一种耳目一新的感觉。例如:

No wonder two of the world's leading business magazine voted us
Best Airline to Africa—But don't take their word for it.

Avis is only No. 2 in renting a car, then why go with us?

Before our designers create a car, they talk to outsider.

If you want to know what cars and trucks will be like in 2005, talk
to some of the people who live there.

We don't invent Creamier, Your hair did.

（五）转喻

在介绍这个概念之前,请先看下面几个例子。

This winter, laugh dry winter away.

Wash the big city out of your hair.

Fly United London, where history repeats itself every morning at
11：00.

If you have knowledge, let others light candles from it.

From Clarks? the first air-conditioned shoes.

你是否能看懂这些句子?应该是没有问题的。但我们同时也注意
到它们与正常的句式有所不同,因为它们都使用了一种修辞手法——转
喻法。

转喻也称作借喻。它是用一种事物代替另一种相关的事物并和后

者相搭配的词配合使用的一种修辞手法。

比如,选自旁氏润肤霜的广告,其中的"laugh...away"显然是不能够和"dry winter"相搭配的。但是广告的奥妙也正在这里,在冬季,人们的皮肤很容易因干燥缺水而显得紧绷,用了旁氏润肤霜,这种紧绷感就消失了,哪怕是在冬季,笑起来脸上的皮肤也会轻松自如了。所以广告文用了"laugh dry winter away"来替代"laugh the dry and tight feeling away"。

"wash the big city...out of your hair。"其实是代替了"wash the dirt of the big city out of your hair"。这是一则洗发水的广告。

其他三例也与上述两例有着异曲同工之妙,在此不一一分析了。请看以下各例,并试着自己分析一下划线部分各替代了什么内容。

When you need a decision and need it fast, a bank that has gone to bed can't help.

Right now you would hatch new ways to increase your productivity.

But what's your choice when inflation is slowly but surely eroding the value of your nest egg?

We're now serving a free deluxe Continental Breakfast for people living out of a suitcase.

With China Airline, you've got the whole world buttoned up.

（六）举隅法

举隅法也称作提喻法,它是指以局部代表全体,或者用全体代表局部的一种手法。有时广告因篇幅的限制,对产品不能作详细全面的介绍,所以就用产品最突出的特点来代替整个产品。例如:

Pavlov has gained an international reputation for his sensual paper sculptures, and his "Magic Table" is the perfect evocation of how it feels to be flying Air France.

They say in thirty years a burger & fries could cost $ 16, a vacation $ 12,000 and a basic car $ 65,000.

So come into McDonald's and enjoy a Big Mac Sandwich.

这三例中都用了举隅法。第一则例句用一幅画的名称"Magic Table"来代表"Pavlov"的艺术。第二则用了几个具体的事物的价格来代表了这样一种思想：30 年后，物价会上涨很多。而最后一则中用一个具体的产品来替代"麦当劳"的美味。

（七）排比

排比是通过连续重复句子中的某个成分或者长句中的某个结构，从而帮助读者记忆广告内容的一种修辞方式。此处所指的某个成分或结构范围很广，从词语到句子，甚至整个段落都可以采用排比的形式。排比能够增强广告文的说服力和气势，并使行文显得宏伟而有节奏感。例如：

Sensuously smooth. Mysteriously mellow. Gloriously golden.

Your own car,

Your own phone.

Your own place

Your dad's insurance?

Buy one pair, get one free.

以上各句都重复了结构，例句是一则鼓励女性进行财产保险的广告，句式短小精悍，而且不乏幽默意味。在连续重复了三个"your own"之后，话锋突然一转，改成"your dad's insurance?"给人一种深刻的印象。

...nimble is the way she goes.

Nimble is the bread she eats

Light, delicious, nimble.

In your Pendleton,

How many crosswords will you attempt?

How many will you actually finish?

How many mornings will you savor?

They're free. They're easy. They are disposable.

以上各句是句子结构的排比。英文广告中的排比还有其他的形式，有的用连词连接，有的呈对比形式出现。例如：

Small city, big spirit.

Local color, global spectrum.

Leave your watch at Tourneau,

Go home with a new Rolex.

Our Lufthansa, your airline.

We spoil our passengers as much as we spoil our aircraft.

When you make a great beer, you don't have to make a great fuss.

几个排比句意思呈对比形式，分别用连词"as"和"when"连接了两个单句。

（八）类比

类比是将一系列相同或相似的事物罗列，找到共同点，然后得出结论，所以对广告前期的素材准备工作的要求比较高。例如：

More people choose a dog over any other pat.

More people choose blue over any other color.

More people choose ice cream over any other treat.

More people choose cotton over other fabric.

More people choose football over any other televised sport.

More people choose the Accord over any other car.

（九）对比

英文广告在创作时，还常常让两个相反或相互矛盾的词语、短语或概念同时出现，形成一种鲜明的对照，用以加强广告文要阐明的那个概念，并加强整个行文的气势。例如：

Powerful but compact

You may be the king of your own castle, but are you the pilot of your own destiny?

Getting the best out of life has nothing to do with money. And everything to do with taste.

Make a statement without saying a word.

No problem too large. No business too small.

以上各例都包含了两个相对或相反的概念，其中一个次要的用来衬托主要的。最后一则例句用"large problem"来反衬了"small business"。

本节介绍了英文广告中常用的一些修辞手法，另外双关、夸张、象征等手法在广告中也有着广泛的应用。由于广告创作的原则之一就是创新，所以广告文中还常常出现文学创作中不常出现或用得较少的语言形式，如词类活用等。

第二节　跨文化维度下商务英语广告的写作要求

广告是一种有效的信息传递工具,是商业化、信息化社会中重要的信息传播方式。广告的目的是以快捷的方式吸引人们关注广告事物,引导人们理解并接受广告所宣传的内容,争取更多的人对广告事物采取行动。在我们的日常生活中,广告往往指用来推销产品或服务项目的商业广告。

广告写作是指广告文稿的写作或广告文案的写作,属于特殊的应用文文体。广告文案指广告的文字和话语。广告文案是广告最重要的部分。广告文案创作必须遵循广告创作的一般原则和基本方法。这些原则包括:社会责任原则、促销原则、真实性原则、策略原则、创意原则、文字简易原则。广告创作的基本方法之一是使用 AIDA 心理和行为效应模式设定广告传播目标。AIDA 是英文 "Attention, Interest, Desire, Action" 四个单词的首字母组合,分别表示 "注意、兴趣、欲望和行动",是广告效果的四个层次。AIDA 的广告传播效应模式被广泛地用于指导设定广告传播目标和广告文案的撰写。AIDA 的模式理论认为,有效的广告首先要引起受众注意,使他们对广告信息保持兴趣,进而引起他们的购买欲望,最后促进他们采取购买行动。

对于注意、兴趣和欲望等心理效应,广告人常常通俗地称为广告的 "驻留力(stopping power)";对于行动效应,广告人又称为 "反应性(responsiveness)"。如能把产品信息驻留在人们心中,又引起人们的购买行动,从促销角度来说,这就是一个成功的广告。

一、主要内容

（一）标题

广告标题是广告文案中最重要的部分,是 "广告的广告"。它能激发读者兴趣,引导读者阅读广告正文。广告标题的制作要遵循以下规则:简短、文字简单易懂、针对主要的潜在顾客、与目标顾客的需要相关或者能够引导读者阅读广告。

对于传递广告主题内容,广告标题具有重要作用。有的广告标题直接传递主题或主题的部分思想,见到这样的标题,对该主题有兴趣的受众就会阅读正文;有的广告不直接传递主题观念,而是设置悬念引导受众阅读正文。例如:

"The Soda Cracker for Every Occasion",这是 1926 年全国饼干公司(National Biscuit Company)的饼干广告的标题,宣传这个产品是"任何场合可吃的苏打饼干",直接传递广告主题的基本思想,干脆利落,语言简明扼要。

"Do You Know TRISCUIT?"这是 1925 年 the Shredded Wheat Company 的饼干广告标题,"您知道 Triscuit 吗?"该标题设置悬念,引起读者注意。

Honda 汽车广告

标题: Fall in love without paying the price.

"爱上而不付出代价"——为什么会这样?标题未使用疑问句式,但因事情不同寻常,读者心中仍然产生疑问。这个例子说明设置悬念不一定都要使用疑问句,也可以使用陈述句式。

（二）正文

广告正文(body copy)是广告文字的主体,比较详细地传递广告信息。并非所有广告都有正文,有的广告只有标题或口号,没有正文。广告标题传递广告主题的信息要点或引导读者阅读广告正文,而广告正文则围绕广告主题提供更详细的信息。

英文广告正文与广告标题相互呼应的基本方式包括:标题提出修辞性问题,正文提供信息;标题提出诉求点,正文加以解说;标题呼吁行动,正文提供相关信息;标题提出难题,正文陈述方法;标题提示方法,正文加以说明。例如:

Scotties Supreme 面巾纸广告

标题: Softness just got thicker. 柔软变得更厚。

正文: New 3-Ply Scotties Supreme is really, really soft.

It's our thicker, most comforting tissue ever.

新的 3 层 Scotties Supreme （品牌名）真的、真的柔软。

它是我们最厚的、最舒适的面巾纸。

这则广告的标题提出诉求点,正文则解释和说明。诉求点也叫广告卖点(Selling point),是吸引和打动目标受众的信息要点(简称信息点)。

（三）口号

首先请先看一些广告口号举例：

Connecting people.（诺基亚）

Let's make things better.（菲利普）

Let's stop under-age drinking before it starts.（安海斯·布希酿酒公司）

Siemens. Quality is our strength.（西门子公司）

Making it easier.（微软公司）

In touch with the world.（东芝电脑）

A different kind of company. A different kind of car.（Saturn 汽车）

I'm loving it!（麦当劳）

Hotel that stand out of the crowd.（Ambassador 旅馆）

It may be your car, but it's still our baby.（Ford 汽车服务）

Mont Blanc, the art of writing.（Mont Blanc 水笔）

The best a man can get.（吉列剃须刀）

Confident strides into the future.（AST 电脑）

The ultimate driving machine.（宝马 7 系汽车）

It just feels right.（马自达小型面包车）

Fresh-up with Seven-up.（七喜饮料）

Can't beat the feeling.（可口可乐公司）

广告口号的作用不容忽视,一般可归纳为以下几个方面。

（1）树立企业及其产品或服务的优良形象。一旦消费者认可某企业以及相关的产品或服务,他们就会采取积极的购买行动,而且相当一部分消费者一般不会轻易改变消费习惯。给产品或服务进行有效的市场定位。既然特定的产品或服务一般都应该针对特定的消费群体,那么它(们)有效的市场定位不仅使得消费者能更为便捷地找到自身需要的产品或服务,而且能使该产品或服务在市场上更具竞争优势。

（2）保证广告活动的连续性。虽说广告中的口号有可能随着营销策略的改变而有所变,但一般不会轻易更改。成功的广告口号为消费者所接受后不会被轻易忘却。产品或服务常常会更新换代，而熟悉的口号会使消费者比较容易对新产品、新服务产生认同感。

（3）激发消费者采取购买行动。相当一部分广告口号采用祈使句形式（或与之作用相似的形式），敦促消费者采取行动。

既然广告口号的作用非同小可，那可想而知，它的创作需要高超的语言技能和营销策略。成功的口号应该简洁、易读、易记、易上口，能让人过目不忘，留下深刻的印象，以起到连续宣传、鼓动的作用。

二、写作建议

广告文字是给大众阅读的，文字要通俗易懂，尽量避免使用技术性的词汇。许多经典广告的标题和口号都非常简短、文字浅显但含义深刻。例如：

A Diamond is forever（DeBeers）钻石是永恒的

Just do it（Nike）想做就做

The pause that refreshes（Coca-Cola）——恢复精力的休息。

英语广告正文的整体结构包括平行结构、连接结构、"总—分"结构以及这些结构方式组合和变化形成的复合结构。平行结构中，几个层次之间的地位相同，每个层次都是事物的不同方面或不同角度的分述。连接结构中，不同层次前后关联，后面的层次推进前面的层次，或者对前面的层次进一步展开或深入，层层递进。"总—分"结构的特点是先总说（概说），然后再分说各层次、各方面，即展开叙述和论说各个方面。广告正文结构中还存在复合结构——由次级平行结构和次级连接结构构成的更复杂结构。

从大的方面说，广告语言的运用体现强烈的商业性、大众性、通俗性、艺术性、对媒体的适应性和社会性。从小的方面说，广告语言的具体运用方式受设计者和文案撰写人个体特征的影响，形态丰富多彩。

第三节　商务英语广告写作实践

在信息时代,广告作为传播信息、树立形象、招徕顾客的重要媒介是必不可少的。有人说,当代社会是广告的世界,日常生活充斥着形形色色的广告,常见的有:人才招聘、产品销售、房屋出租、信息宣传、企业形象广告等。

一、招聘广告

招聘广告通常是指用人单位为扩大业务,提高工作效率向社会招揽优秀人才为己所用。这类广告大多刊登在各类报纸的广告版面内。

招聘广告一般包括以下内容。

(1)招聘单位名称。

(2)招聘对象以及所提供的职位。

(3)被招聘人所具备的应聘条件。例如:文化程度、性别、年龄要求、工作经历等。

(4)被招聘人所涉及的业务范围。

(5)被聘人应聘后的待遇。例如,工资、休假、福利等。

(6)应聘方法,包括面试场所、通信地址、联系人、联系电话、截止日期。

(7)常使用的缩略语词等。招聘广告常见缩略语词如下:

ads= advertisements	pa= per annum= yearly or per year
sal= salary	M/F=M-F: Monday to Friday
ref（s）= reference（s）	req'd = required
exp（d）= experience（d）	aft= after
p/t= part time	Secty = secretary
f/t= full time	ofc= office
bnfts= benefits.	Temp= temporary
CV=curriculum vitae; resume	W= woman

下面是一则招聘广告的实例。

Female Clerk Wanted

Interesting and rewarding position in the Great Wall Hotel Age 20–22, at least 2-year working experience.

Salary according to experience will be between RMB Y1,200 and RMBY1,800 per month.

二、产品销售广告

企业做产品销售广告不外乎想达到两个目的：一是销量的增长，二是品牌形象的提升和品牌资产的积累。

产品销售广告一般包括如下内容。

（1）产品名称。

（2）产品状况（全新或二手、直销或批发零售等）。

（3）产品质量及规格。

（4）价格。

（5）购买或联系方法。

当然除上述特点之外，还应当注意广告按其发布的行业不同而呈现出较大的差异。从广义上讲，产品销售广告分为两类，即"硬卖型"（Hard sell）广告和"软卖型"（Soft sell）广告。前者通常适用于机械、电子、医药等尖端高级产品，这类广告的语言朴实、准确、客观。"软卖型"广告多半适用于饮食、化妆品等一些日常消费品，此类广告的语言讲究典雅华丽，追求文学语言的文体风格。

销售广告中常见缩写词如下：

exc = excellent	wknd = weekend
del= delivery	mg= milligram
askg= asking	PO= post office
lse = lease	Brks= brakes（with a car）
oppty= opportunity	Mpg= good miles per gallon
orig= original	Negot= negotiable

汽车销售广告：

FOR SALE

1977 Cutlass Supreme.

White w/light blue interior.

Low mileage. Like new.

Air, automatic, power steering brakes.

AF/FM, cassette stereo.

$5,000 or best offer.

By original owner.

241-3281 weekdays. 287-4479 weekdays.

三、房屋出租或出售广告

房屋出售与出租广告多见于报端。这类广告一般篇幅不长,用词简洁,常采用一些缩写词以节省费用。

房屋出售或出租广告通常包括以下内容。

（1）房屋所处位置。

（2）房屋的结构情况。

（3）租金或出售价。

（4）租间或出售间。

（5）联系方式。

房屋出售或出租广告中常见的缩写词如下:

Apts= apartments	incl = including
blks = blocks	kits = kitchens
br = bedroom	lge = large
brk = brick	loc = location
bths = bath rooms	mo = month
c/a = central air conditioning	nr = near
cple = couple	occup = occupancy
dng = dining	rd = road
dsh wahrs = dish washers	rm = room
fam = family	schl = school
fin = finished	st = street
furn = furnished	transp= transportation
gar = garage	unfurn = unfurnished
hse = house	w/fpl = with fireplace

例：

FLUSHING—Brand new solid brk house w/4 apts & fin bsmt. All rooms incl kits are spacious, 10 year tax abatement Gas ht & cook'g. Quiet area close to subway, bus & shop'g cents. Good investment. Call 886-5334 or 961-82205.

四、信息及企业形象广告

顾名思义,信息广告是为社会提供信息服务的广告;形象广告则是企业或机构为了宣传自身的优势、招纳人才、激励士气等目的而制作的广告。信息及企业形象广告要求包括以下内容。

（1）单位的性质（国企、私企或合资）。

（2）业务范围。

（3）地理位置与条件。

（4）单位简史。

（5）单位规模（人力、物力）。

（6）单位特色（竞争优势）。

以上项目根据实际需要有所取舍。

信息及企业形象广告语言特点如下所述。

（1）往往采用正式语体。

（2）讲究用词贴切、具体、语言中肯。

（3）针对性强、条理清楚。

（4）常使用标题与小标题。

第五章　跨文化维度下商务英语说明书的写作

商务英语说明书的写作技能是每个学生都需要学习与了解的。这是因为，当前世界快速发展，人们沟通与交往也越来越频繁，很多说明书都使用英语写作，如果学生对这方面知识不了解，那么就容易对跨文化商务交际产生不良影响。为此，本章就对跨文化维度下商务英语说明书的写作展开分析。

第一节　商务英语说明书的语言特点解析

一、商务英语说明书简述

商品说明书有不同的叫法，也可称为产品说明书、产品说明、说明书等。英文有 instruction, manual, specification, direction 等。概括来讲，商品说明书就是生产企业向公众和用户介绍、宣传其产品的说明性材料或文书。商品说明书带有很强的宣传性，具有很高的使用频率，是一种常见的说明类实用文体。

在商务英语中，常见的说明书有以下四种形式。

（一）手册式说明书

这类说明书主要是运用手册的形式，为客户提供页数不等的文字说明，可能是几页，可能是几十页或更多。有的手册中还会穿插图片与照片，对与商品相关的信息进行详细的介绍。例如，许多家电商品的说明书（电视机、洗衣机、冰箱、空调）就是一本手册。

（二）标签式说明书

这类说明书是直接附在商品或者商品的包装纸或者由特殊材料制成的标签上。其中服装上的标签更为典型，上面标示服装的名称、面料等内容。

（三）插页式说明书

这类说明书指的是在商品中会添加一页纸，其中对商品的相关信息进行描述。例如，药品说明书就是采用这种形式附加在盒子中，上面包含药品的名称、适用病症、使用剂量、副作用等。

（四）印在包装上的说明书

有些商品的说明文字直接印在其外包装（包装盒、包装罐、包装瓶）上。例如，许多食品和饮料的说明书形式就是如此，其中包括商品名称、成分、净重、商标、贮存及保质期等。

二、商务英语说明书的语言特点

商务英语说明书主要是介绍某类商品，从而将这类商品更好地传递给消费者，让消费者产生购买欲望。因此，在语言上，商务英语说明书有着自身的特点。

（一）词汇特点

商品说明书必然涉及商品，因为其是商品经济发展的结果。商品说明书中包含了科技与广告的特征，用于为消费者传递信息，达到宣传的目的。商品说明书在用词上有其自身的特征。

1. 运用缩略词

商品说明书在介绍不同的商品时会涉及一些特定的缩略语，这些缩略语简单易记。例如：

IC—（integrated circuit）集成电路

CAD—Computer Aided Design（计算机辅助设计）

TB—Tuberculosis（肺结核）

2. 通俗易懂

商品说明书应使用标准且通俗易懂的词汇，使消费者一看就明白。因为商品说明书主要是面向消费者，而消费者本身的文化等层面存在差异性，并且他们受到的教育程度也必然不同。这就要求商品说明书在用词上应该避免晦涩，应该让读者容易理解。具体来说，在商务英语说明书中往往会使用通俗的词汇，这样便于不同的消费者获取商品信息，以吸引他们的购买欲望。例如：

每天一杯"挺立"牌玉米粥能满足您每天对钙的需要量。

A cup of "Tingli" corn porridge can meet your need of calcium each day.

上述说明书用词非常简单，可谓通俗易懂。

3. 专业性强

商务英语说明书是一种非常专业的商务文体形式，因此在用词上也凸显专业性。随着商务英语的不断发展，商务英语说明书形成了自身相对稳定的词汇。例如，在一份药品说明书中，其中包含了名称、成分、剂量、适用症、注意事项等术语，这些术语对于普通的消费者而言是不熟悉、不了解的，但也是必需的。例如：

Seniovita is proven basic preparation in cases of atherosclerotic and degenerative organic diseases associated with old age.

经证实，心脑灵为治疗老年动脉粥样硬化和老年器官退化性疾病之基本治疗用药。

上述句子中，preparation 这个单词平时的理解是"准备"，而在上例中则指"制剂"或"治疗用药"。再如英文药品说明书中表示"失眠""胸闷""神经衰弱"时都会采用相应的技术术语，分别为 insomnia，strangulation 和 neurasthenia，而不用 sleeplessness, stuffy chest 和 weak nerve。

4. 普通词汇专业化

商品说明书中有一部分词汇虽然在英语中早已存在，但在特定的领域里意义变得不同。而且这些词汇通常是常用词汇，所以写作者不能望文生义，必须准确地理解该词在具体领域和上下文中的意思。例如：

angel（天使）可转义为"雷达反响"

base（基础）在化学中转义为"碱"，在医学中转义为"主药"

在一款油漆的说明书中出现了三个很常见的单词 finish, film 和 drum，虽然是以前很熟悉的词汇，但是它们的意思发生了改变，在此意思分别为：finish——末道漆；film——薄膜；drum——鼓状物，指形状或结构上像鼓的东西，尤指桶状金属容器或缠满电缆、电线或粗绳的金属圆柱。

5. 运用合成词

在商品说明书中，有大量的词语是利用已有单词，通过词缀法和拼缀法合成而构成的新词。例如：

comsat（communication+satellite）通信卫星

macroinstruction（macro+instruction）宏指令

colorimeter（color+meter）色度计

dew-point（dew+point）露点

hot press（hot+press）热压

（二）句法特点

商品说明书讲究言简意赅，避免繁杂冗长。这些文体特征不仅反映在用词上，在句法构造上更能体现这一特征。

1. 大量使用祈使句

在商务英语说明书中会大量使用祈使句，用于表达命令、请求、建议、警告等内容。具体来说，商务英语说明书中的祈使句非常简单，能够将主要信息凸显出来，体现出叮嘱、指示等功能，使消费者能够快速捕捉信息，明白什么能做、什么不能做，也会在使用中多加注意等。例如：

Directions: Remove cap. Spray it on the surface of the object and wipe with clean paper towel or dry cloth.

使用方法：拧开瓶嘴，将本品（保洁丽）喷于需要清洁的物件上，然后用清洁的纸巾或干布抹拭。

2. 多用一般现在时

商务英语说明书是为了给消费者提供信息，因此其具有明显的信息性，这样便于将商品的特色、原理等展现给消费者。在时态的运用上，通常采用一般现在时态。例如：

Eye Contact eye shadow applies smoothly and even with the new velvety formula, provides an unforgettable look with eye-opening colors and lightweight feel.

明媚的色彩，上妆柔滑细腻，令美目顾盼生辉。

（三）语篇特点

商品说明书根据其介绍的商品不同，语篇长短也不同，一般而言，商品说明书的语篇都相对简短，长篇大论的说明书不利于消费者快速了解商品的功能和操作程序。因此，商品说明书的语篇有以下特点。

（1）交际角色。在交际角色方面，说明书注重信息的传递，在对商品的优、特点宣传方面大做文章，相当重视其劝说功能，通过人称指示词的大量使用，拉近与读者的心理距离，从而更利于商品的销售。

（2）维护商品权威。无论是中文的商品说明书还是英文的商品说明书，都注重商品的权威性昭示，如"专利商品""……指定（推荐）商品"，patented，clinically proven。

（3）注重环保。说明书都很重视保护环境，有的渲染商品的环保特性，有的商品在废弃处理环节上突出环保措施。

（4）客观、精确，具有感染力。说明书的目的是为了让消费者了解产品的特征和性能，以便做出正确的选择并正确地使用该产品。其内容客观真实、数据精确、语言通俗易懂，但也会适当地使用文学性语言来进行表达，以增强其可读性和感染力。例如：

Apply Optimizer as the first part of the Repair step in your complete Beautiful Skin Solutions regimen.

Optimizer可作为日夜雅诗兰黛完美肌肤主张保养修复的第一步修复程序。

Please use extra caution while carrying the camera.

携带相机时请额外小心。

（5）条式风格突出，版面设计独特。由于说明书所涉及的内容较多，一般采用条式排列，使其内容清楚明了。同时为了达到吸引消费者的目的，往往采用一些不同于其他商品的特殊字体和版面模式来突出该商品，如黑体字标题、数字序号、特殊符号等。例如：

Skin Test

① Clean and dry skin behind ear or on inner fold of elbow（about 1 cm diameter）.

② Squeeze small amount of cream from each tube of Bigen Speedy into a non metal tray. Mix well and apply on skin mentioned above. Do not disturb it for 48 hours.

③ If there is no reaction in 48 hours，proceed with hair coloring.

皮肤测试

①洗净抹干耳后或手肘内侧约 1 平方厘米皮肤。

②分别将两软管内的 Bigen 发霜挤出等量少许于非金属小碟上调匀，将调匀的发霜涂抹于洗净的皮肤上，48 小时内不要擦掉。

第二节　商务英语说明书写作实践

一、商务英语家电说明书的写作

根据家电业的专业特点，一般来说，说明书通常由"特别功能""零件说明""操作要领""注意事项"与"保养方法"几大部分组成。这一类说明书的写作尤其需要写作者具备一定的专业知识，因为家电说明书不仅要供消费者使用，还供专业技术人员使用。例如，在 DVD 机的写作中，写作者必须要知道视频信号线（Video Cord）、音频信号线（Audio Cord）、数码声显（Digital Indicator）、转换插头（Conversion Plug）、遥控器（Remote Contro1）、轨声显（Track Indicator）等术语。

家用电器说明书的写作应坚持内容与形式的统一。写作者在写作时首先应该特别注意正确使用术语，另外要注意勤查词典，必须弄清其基本词义，然后按其所属学科领域进一步确定其专业性用语，以最终达到语言表达地道的目的。通常而言，在写作时需注意以下几个方面。

（1）使用大量的无人称句。在商务英语说明书中，无人称句的使用非常多，因为这类句子可以让消费者明确这些说明书是为自己准备的，用于介绍产品的，给人一种亲切之感，从而也拉近了商品生产者与消费者之间的距离。例如：

The back cover should be removed only by qualified service personnel.

后盖只能由有资格的服务人员打开。

（2）条理清晰,逻辑性强。在家电说明书中,这一特点在操作与安装上体现得尤为明显。因为无论是操作还是安装,其着重于对行为过程的描述,一个步骤与另外一个步骤属于承接关系还是并列关系,这些都需要表达清楚,否则会让读者不理解。例如:

A higher refresh rate results in a more stable picture. You can change the refresh rate in the control panel for the video card. This can be found via Settings, Control Panel and then Display.

较高的刷新速率可产生更稳定的影像,您可以在控制台中变更像卡的刷新速率,可以在"设定""控制台""显示器"中选择。

（3）多用图示演示操作。解释成分构造用图示代替语言使整个说明书显得简洁,是说明书的一个重要特点。

二、商务英语药品说明书的写作

英文药品说明书是科技英语的一个变体,属于专门用途英语（English for Special Purposes）的范畴,其语言结构比较简单,在写作时要根据其词汇和语法的特殊性来选择合适的写作方法。

（一）缩略词的写作

在药品说明书中缩略词是大量使用的。英文药品中的缩写词在写成中文时要写出其全称,以免产生误解或表述不清。例如:

fev（fever）发烧

ml（milliliter）毫升

kg（kilogram）千克

mg（milligram）毫克

mcg（microgram）微克

approx（approximate）大致,大约

ABPC（ampicillin）氨苄青霉素

缩略词的使用可以让英文说明书更加简短明了,但部分缩略词很容易造成误解。正确理解和写作缩略词,应根据语境进行判断分析,勤查

字典,必要时应当咨询专业人士。

(二)大词、长词、生僻词的写作

在英语中,药品的说明书往往比较晦涩,因为其中使用了大量的长词、大词等,这些词大多来自希腊文、拉丁文。用这些词进行写作时,特别应注意对药品名称的写作要准确。

一般来说,药品名称的写作方式可以是音写,可以是意写,也可能是音意结合等。但是不管采用何种方式,都应该保证简单、科学与明确性,一般不会用到代号形式,因为很容易让人误解。例如:

Folicacid 叶酸

Elcatonin 依降钙素

Ouinolone 喹诺酮

Augmentin 奥格孟汀

Ketoconaczole 酮康唑

另外,许多药品名称具有相同的词首或词尾,这些药品名称所指的都是同类药物,在写作时应保持一致。例如:

Cefo/cephal——头孢:cefotetan 头孢替坦,ceforanide 头孢雷特,cephalexin 头孢氨苄

-xacin——沙星:norfloxacin 诺氟沙星,ofloxacin 氧氟沙星

三、商务英语说明书商标的写作

(一)商标的定义

商标(trademark)在日常生活中可以说是无处不在,它与商品有着非常密切的联系,总部设在日内瓦(Geneva)的世界知识产权组织(World Intellectual Property Organization,WIPO)曾经这样解释商标:"商标是用来区别某一工业或商业企业或这种企业集团的商品的标志。"《朗文英汉双解商业英语词典》对商标的解释为:"放在特定牌子的物品或商品上的特别标志,使该商品区别于其他厂商所出售的相似产品。"《辞海》将商标定义为:"商标是企业、事业单位或个体工商业者对其生产、制造、加工、拣选或经销的商品所使用的标志。一般用文字、图形或其组合,注明在商品、商品包装、招牌、广告上面。"在此,我们可以对商

标做一个较准确的描述：商标是商品的标志，是表明一种商品与其他商品相区别而采用的任何文字、图形、符号、设计或其他组合。它是代表商品质量、性能、技术水平和其他特征的一种标志。

（二）商标的特点

概括来讲，商标具有以下几个特点。

1. 识别性

识别性是商标最基本的功能。商标是商品或商品包装上的标志，具有识别功能和质量保证功能。换句话说，商标必须具备独特的个性，这是由商标的特殊性质和作用决定的。因此，商标的设计必须与众不同，用来区别相似商品，并且要保证它的唯一性。

2. 传达性

大量研究都证明了这样一个道理，即某物的个性特色越鲜明，给人的视觉冲击就越强烈，所带来的刺激自然也是最深刻的。当代社会，商标不仅具有区别于其他商品的重要作用，而且通过商标还可以传达一定的含义和某些商品信息，同时在一定程度上还可以传达企业的某些理念。从这个意义上而言，商标应该易于辨识，容易让人了解与记忆。

3. 专用性

人们使用商标的主要目的是为了与其他人的商品与服务区别开来，从而提高消费者的熟知程度。就法律层面而言，商标、商标词都归个人或者公司所有，具有一定的法律保护功能。因此，经过注册的商标对于其所有人而言，就具有专用、独占的权利，未经注册商标人许可，他人不得擅自使用。否则，就违反了我国商标法的相关规定。

4. 价值性

商标所有人通过商标的创意、设计、申请注册、广告宣传及使用，使商标具有了价值，也增加了商品的附加值。商标的价值可以通过评估确定。商标可以有偿转让；经商标所有权人同意，可以授权他人使用。

5. 竞争性

商标在一定程度上具有竞争性，这主要体现在市场参与的过程中。通过市场促销、宣传等行为，商标就具有了较高的知名度，从而被消费者所认可与熟悉。在一定程度上,企业之间的竞争其实就是围绕商品、服务质量、信誉等层面所展开的竞争,而这些竞争就表现在商标知名度的竞争上。商标的知名度越高,企业的商品、服务竞争能力就越强。

6. 时代性

商标的时代性是指商标必须适应时代的发展,在适当的时候进行合理的调整以避免被时代所淘汰。

(三)商标的写作原则

1. 等效原则

写作商标之前,必须对产品的市场定位、特点、功能以及目标顾客群有充分的认识。只有这样,创作出的名字才能让人过目不忘,并使人产生一些美好的联想。也就是说,商标名的写作必须能激起消费者的购买欲望,这一原则就称为等效原则。例如:

Coca-Cola →可口可乐(饮料商标)

2. 简洁原则

简洁是商标写作的一条重要原则,因为只有短小精悍、节奏明快的商标才便于消费者记忆,才能给消费者带来听觉上的美感,而这也有助于产品的宣传与推广。在思考商标名的时候,应该认识到英汉两种语言的区别,充分结合汉字的特点进行创作。既不能为了简洁而损害原文,也不能为了解释清楚而使得名字啰嗦。有很多成功的案例可供我们学习。例如:

Heineken →喜力(啤酒商标)

Fairchild →仙童(半导体产品商标)

3. 跨文化原则

语言本身承载着丰富的文化,写作就是一种跨文化交际活动。文化差异是不同国家或地区地理位置、民族文化、风俗习惯、宗教信仰和历史特点的综合反映。写作时,既要考虑源语的文化特点,又要兼顾本族语的文化传统。商标的写作同样如此,在写英文商标时,只有将原英文词与中国本土的文化传统有机结合,才能避免文化冲突,也能更好地帮助产品在中国打开销路。

4.审美原则

商标的最终目的在于宣传产品,销售产品,因此商标必须要有美感,要努力让消费者产生美的感受,喜爱上该产品。因此,在写作时,应努力做到意美、形美、音美的结合。对于商标而言,意美是指通过文字的联想意义或文字内涵构筑一定的意境,激发消费者心中强烈的美感,引发他们的丰富联想,对商品产生渴望和追求;形美则指商标写名应具有商标的形式,即言简意赅,选择常用字词,易读、易懂、易记,尽量选用表达美感的词语;音美则指商标名要节奏明快、读音轻快响亮。

同时,还要尽量满足消费者对产品的心理预期,迎合他们的消费心理。比如,中文商标中多见"吉""利""祥""欢"等字眼,因为中国消费者喜好吉利的词语;女性产品的商标常见"雅""姿""婷""娜"等词语,透出明显的女性特点及一种优雅的美;儿童产品则使用一些能体现活泼可爱的词语,代表孩子的朝气蓬勃。消费者只有对商标有了认同感和归属感,才会认可该产品。

四、商务英语说明书商号的写作

(一)商号的定义

商号是企业特定化的标志,经工商部门核准登记后,可以在牌匾、合同及商品包装等方面使用,其专有使用权不具有时间性的特点。只在所依附的厂商消亡时才随之终止。在不同的著述中,商号(Trade Names)被称为字号、厂商名称、企业名称等。

通常而言,商号往往包括了企业名称中的核心信息或内容,或者与商标是一致的。例如,日本佳能公司(Canon Inc.),其中 Canon 不仅是公司的商号,而且也是公司的商标。另外,商号也可以采用创始人的姓名来命名,如 Procter & Gamble(P&G)宝洁公司(美国),(P&G)就是两位创始人名字第一个字母的缩写所组成的。

(二)商号的分类

在商务英语中,"公司"一词有多种表达。例如:
(1)美国常用 corporation,缩略为 corp.,多指股份有限公司。

（2）英国常用 company，缩略为 co.

（3）英国公众公司常用 public limited company，缩略为 PLC.

按照公司的规模大小，大体上可将公司分为：

（1）控股集团公司（Holding）。

（2）集团公司（Group）。

（3）有限公司（Corporation/Company Limited/Company Incorporated，incorporated 一词常缩略为 inc. 或 Inc.）。

（4）小公司（Firm，常用于法律公司和咨询公司）。

例如：

Lehman Brothers Holdings →莱曼兄弟控股公司（美国）

Pepsi Co., Inc. → 百事公司

Royal & Sun Alliance Insurance Group →皇家太阳联合保险集团（英国）

东方希望集团→ East Hope Group

Avon Products Inc. →雅芳产品有限公司（美国）

武汉中百集团股份有限公司→ Wuhan Zhongbai Group Co., Ltd.

中国武夷实业股份有限公司→ China Wuyi Co., Ltd,

日照钢铁集团→ Rizhao Iron and Steel Group

北京瑞云安泰咨询部→ Beijing R & A Consulting Firm

从行业类别上，一般可将公司分为：

企业 / 实业公司→ Enterprise

航空或海运公司→ Airlines/Airways，Lines/Line

制药公司→ Laboratories

系统公司→ System（s）

代理公司→ Agency

网络公司→ Net/Networks

工业 / 实业公司→ Industries/ Industrial Corporation

通信公司→ Communications

百货公司→ Store（s）

保险公司→ Insurance/Assurance Company

服务公司→ Service（s）

产品制造、销售公司→ Products

例如：

Imperial Chemical Industries →帝国化学工业公司（英国）

Fuji Heavy Industries →富士重工业公司（日本）

Permanent Industrial Company →永祥实业公司（香港）

北京宏大实业公司→ Beijing Hongda Industry Company

Nationwide Insurance Enterprise →全国保险企业公司（美国）

汉强企业有限公司→ Hon Keung Enterprise Ltd.（香港）

Motorola Semiconductor Products →摩托罗拉半导体公司（美国）

上海航空股份有限公司→ Shanghai Airlines Co., Ltd.

Great Universal Store →大世界百货公司（英国）

Allied Food Industries Co. → 联合食品工业公司（新加坡）

Tesco Stores →坦斯科百货公司（英国）

Federated Department Store →联合百货公司（美国）

Winn-Dixie Stores, Inc. →温迪克西百货公司（美国）

Standard Life Assurance →标准人寿保险公司（英国）

Alcon Laboratories →爱尔康公司（美国）

Chubb & Son Insurance →查布父子保险公司（美国）

Liberty Mutual Insurance Group 利保相互保险集团（美国）

Maxim Integrated Products →美信集成产品公司（美国）

上海宽博清洁服务有限公司→ Shanghai Kleango Cleaning Service Co., Ltd.

中国外轮代理总公司→ China Ocean Shipping Agency

中国国际贸易促进委员会商标代理处→ Trade Mark Agency of CCPIT

Verizon Communications →弗莱森通信公司（美国）

Qwest Communications International, Inc. → 奎斯特通信国际公司（美国）

Stanford Telecommunications, Inc. →斯坦福电信公司（美国）

Fluke Networks →福禄克网络公司（美国）

Nortel Networks →北电网络公司（加拿大）

从公司的管理层次上，可将公司区分为：

总公司→ Headquarters/ Home Office

分公司→ Branch/Branch Office

子公司→ Subsidiary

附属公司→ Affiliated Company/Affiliate

在我国商务英语写作实践中,多将 corporation 用于较大公司的英文名称里,我国各大专业进出口总公司的英语名称基本都用 corporation 一词。例如:

中国纺织品进出口总公司→ China National Textile Import & Export Corporation

中国对外贸易运输公司→ China National Foreign Trade Transportation Corporation

上海对外贸易公司→ Shanghai Foreign Trade Corporation

International Business Machines Corporation →(IBM)国际商用机器公司(美国)

International Flavors & Fragrances, Inc. →国际香料香精公司(美国)

Dawson International, Inc. →道森国际有限公司(美国)

General Transport Company →运输总公司(英国)

中国轻工业品进出口公司长春分公司→ China National Light Industrial Products Import & Export Corp. Changchun Branch

中国图书进出口总公司→ China Books Import & Export Corporation (Head Office)

加拿大家政护理服务公司北京代表处→ Canada Caregiver Service. Inc. Beijing Representative Office

从公司的组合形式上,又可将公司分为:

控股公司→ Holdings

联号、联合公司→ Associate/Associated Company

有限责任公司→ Limited Liability Company

股份有限公司→ Joint Stock Limited Liability Company

合资公司→ Equity Joint Venture

例如:

Accenture Canada Holdings →埃森哲加拿大控股公司(加拿大)

Computer Associates International, Inc. →国际联合电脑公司(美国)

United Parcel Service, Inc. → 联合包裹服务公司(美国)

United Health Group, Inc. →联合健康集团公司(关国)

Daiwa Bank Holdings →大和银行(日本)

British Nuclear Associate →英国核子联合公司

United Airlines, Inc. →联合航空公司(美国)

Allied Food Industries Co. →联合食品工业公司(新加坡)

HSBC Holdings PLC. → 汇丰控股有限公司(英国)

Manhattan Associates, Inc. →曼哈顿联合软件公司(美国)

Associated British Picture Corporation →英国联合影业公司

First Financial Holdings →第一金融控股公司(中国台湾)

（三）商号的写作原则

1. 准确原则

在写作商号时,首先要看一下这个商号是否已经有了约定俗成的写法,如果已经有了大家都接受的写名,即使写法不合适或不够准确,仍然要遵从该写法,避免不同公司同名或同一公司不同名的现象出现。例如:

First National City Bank →（美国）花旗银行

Standard Charter Bank →（英国）渣打银行

Nestle S. A. →（瑞士）雀巢公司

2. 忠实原则

在写作商号时,应尽量在发音和词义上保持和原文的一致或相近,不要完全脱离原文,使读者看不出两者的联系,导致无法很好地起到宣传该公司或企业的目的。例如:

Goodyear Tire & Rubber Company →（美国）固特异轮胎橡胶公司

Compaq Computer Corporation →（美国）康柏电脑公司

Walt Disney Company →（美国）沃特迪斯尼公司

（3）审美原则

中文选词要有美感,使人读起来朗朗上口,并尽可能简洁且富有褒义或吉祥语义,让人们容易并乐于记住该商号。例如:

Carrefour S. A. →（法国）家乐福股份有限公司

Whirlpool Corporation →（美国）惠尔普公司

Procter & Gamble →（美国）宝洁公司

（四）商号的写作策略

商号的写作应该准确、简洁且富于美感。商号的音、字应当固定，避免出现同一公司不同名的现象。名字应选择富于褒义或美好吉祥的词语，尽量做到易记、易上口、易于识别和传播。若读者一见商号的名字就能联想到商品或厂商本身，效果更佳。例如，Avon Products, Inc. 雅芳产品有限公司（美国），曾被写作阿冯产品公司，而"阿冯"显然没有"雅芳"更富于美感和女性柔情，因此"雅芳"这一名字更适合该化妆品公司。"雅芳"产品现已遍布各地，家喻户晓。

（五）写作实践

案例一：

原文：

1. Playboy

2. Fiyta

3. Ford

4. Youngor

5. Quaker Oats

6. Hitachi

7. Sprite

8. Qingdao

9. Nokia

10. McDonald's

11. Pierre Cardin

12. Omega

13. Poison

14. Pepsi-Cola

15. Safeguard

16. Montagut

17. Citroen

18. Haier

19. Rejoice

20.Head&Shoulder

21.Goldlion

22.Nippon Mouse

23.Luxury

24.Maxam

25.Lotus

对应中文：

例（1）商标

1. 花花公子（时装）

2. 飞亚达（手表）

3. 福特（汽车）

4. 雅戈尔（西服）

5. 桂格麦片

6. 日立（电器）

7. 雪碧

8. 青岛（啤酒）

9. 诺基亚（手机）

10. 麦当劳（快餐）

11. 皮尔·卡丹

12. 欧米茄（手表）

13. 百爱神（香水）

14. 百事可乐（饮料）

15. 舒肤佳（香皂）

16. 梦特娇（服装）

17. 雪铁龙（服装）

18. 海尔

19. 飘柔

20. 海飞丝

21. 金利来

22. 立邦漆

23. 立士洁

24. 美加净

25. 莲花（汽车）

案例二：

原文：

1.CGNU plc.

2. British Steel

3. Fiat

4.Smith Brothers

5.Hershey Foods Corp.

6.Liberty Airlines

7. New World Trading Company

8. Hewlett-Packard Company

9. Caltex Oil Crop.

10.American Export Lines

11.Delta Air Lines

12.Imperial Chemical Industries PLC.

13.Nike Inc.

14.Circuit City Stores，Inc.

15.Nationwide Insurance Enterprise

16.Pacific Care Health Systems

17.Microelectronics Integrated System

18.Commodore Semiconductor Group

19.HSBC Holdings plc.

20.ABN AMRO Holdings

21.Manhattan Associates，Inc.

22.Qwest Communications International Inc.

23.A.G.Edwards & Sons，Inc.

24.Mitsubishi Electrics & Electronics USA，Inc.

25.Central Oil Company

对应中文：

例（2）商号

1. CGNU 公司（英国）

2. 英国钢铁公司

3. 菲亚特公司（意大利）

4. 史密斯兄弟公司

5. 好时食品公司（美国）

6. 自由航空公司

7. 新世界贸易公司（香港）

8. 惠普公司（美国）

9. 加德士石油公司（美国）

10. 美国出口航运公司（美国）

11. 德尔塔航空公司（美国）

12. 帝国化学工业公司（英国）

13. 耐克公司（美国）

14. 巡回城市百货公司（美国）

15. 全国保险企业公司（美国）

16. 太平洋健康系统公司（美国）

17. 微电子集成系统公司（比利时）

18. 柯莫得半导体集团公司（美国）

19. 汇丰控股有限公司（英国）

20. 雷曼兄弟控股公司（美国）

21. 国际联合电脑公司（美国）

22. 奎斯特通讯国际公司（美国）

23. 查布父子保险公司（美国）

24. 三菱电气电子美国公司（美国）

25. 石油总公司（美国）

第三节　商务英语说明书常见问题分析

一、商品说明书中文化差异造成的误解

文化差异会造成误解或误写，使用已有的定写词是指在历史上已经被前人写好后来被社会接受的词汇，人名如"蒋介石"，就不能按拼音写，而要按约定俗成的规矩写成 Chiang Kai-shek，孙中山为 Sun Yat-sen。"广交会"叫作 Canton Fair，而不能说成 Guangzhou Fair。

香港的九龙是按照广东话而来的：Kowloon。Fleet Street（舰队街）

原为伦敦城外的一条小河。16 世纪时,河的两岸住满了人家,但河水浑浊,臭气熏天。1737 年开始了舰队河的掩埋工程。填平后,原址成为一条街,取名"舰队街"。18 世纪以来,英国的老报社、出版社都设立在这条街上。影响较大的有《每日电讯报》(*The Daily Telegraph*)、《每日邮报》(*Daily Mail*)。"舰队街"已经成为英国报业及新闻界的代名词,但是舰队街实与"舰队"无关,不过是相延已久的误写。

例:杭州中亚健身器材有限公司,坐落在美丽的西子湖畔北侧。

Hangzhou Zhongya Fitness Co., Ltd., is located in north of the beautiful Xi-zi lake.

"美丽的西子湖畔"指的就是杭州西湖,西湖是闻名中外的名胜,英文写作早就定型,即 the(Hangzhou)West Lake。清华大学的英文为 Tsinghua University,北京大学的英文写作为 Peking University,而不写成 Beijing University 等。这些定写属常识性问题,搞不清它们就会犯把 Chiang Kai-shek(蒋介石)误写成"常凯申"的错误。

二、商品说明书中汉英词序上的差异

例:竭诚欢迎国内外新老客户来公司洽谈指导……

误写:Whole heartedly welcome all new and old clients abroad and domestic to our company...

尽管这是一句再简单不过的句子,但也犯了典型的套写错误。此句"新老客户"的汉语语序排列是"新"在前,"老"在后,可是英语却应该是 old and new。此不同点是中英文不同的思维层次形成的习惯表达,不了解这种差异就会犯类似"简单"的错误。写作者必须把握那些基本的英、汉语序差异。

正写:Whole heartedly welcome both old and new clients at home and abroad to our company...

再如:old and young 青老年, back and forth 前后, right and left 左右, north and south, east and west 东南西北等。同时,需要写作者关注的是,由于英语文化、传统、地理位置、生活方式等差异造成的习惯性表达,使得两种文字在说明同一样东西时,词的位置发生极大变化,英语的一些表达同汉语刚好相异,写作时就须按照英语的习惯做相应的调整。

三、商品说明书中的上下文与一词多义

理解是写作的基础和关键,准确理解一种语言的词汇含义、结构和惯用法对外语学习者是一个基本素质要求,应力戒望文生义。Industry 的含义,其一为"工业",其二为"勤勉,刻苦",殊不知还有"行业、企业"等意。the tourism industry 就不能写成"旅游工业",它指的是"旅游业"。

有一位学生在课堂把 The old man's youngest son... 写成了"那个老头最年轻的儿子",令人捧腹。Who's who 如按字面直写就成了"谁是谁"。这个短语的实际意思是"重要人物,名流",意思上和 VIP 是一样的。advise 一词常用义是"建议",而在商务英语中为"通知"。cover 的常用义是"覆盖""盖""掩护""包括",而在外贸英语中为"给(货物)保险"。

accept 常用义是"接受""认可",而在国际结算中为"承兑(单据、汇票等)"。confirm 常用义是"使(权力等)更巩固""使(意见等)更有力""使有效""证实",而在国际结算中根据行业特点写为"确认""保兑"。缩写词 CIFC3 为"成本加保险费、运费价,含佣金 3%"。draft payable at sight 在国际结算中为"即期汇票"。

第六章　跨文化维度下商务英语
其他文书的写作

商务英语写作是以英语书面语进行商务沟通以达到各种商务目的的一种表达手段,是以文章为信息传播的载体,以推动经济发展为其应有目标的社会实践活动。近年来,商务英语文书种类逐渐丰富,全能商务人才需求与日俱增,跨文化维度下的商务英语写作已经成为商务教学的重要课题之一。

第一节　商务英语事务处理文书的写作

一、通知

（一）主要内容

1. 通知的标志

书面通知是书面的正式公告或布告,常常张贴在显眼的位置,多用notice 作标志。为了醒目起见,常写在正文上方的正中位置,标志的每个字母可以用大写（NOTICE）;口头通知用 Announcement 作标志,通常省略。

2. 发出通知的单位及时间

发出通知的人或单位的名称,一般写在标志的上方或在正文后面的右下角;发出通知的时间要写在正文的左下角,也可按书信格式写在正文的右上角;这两项有时可以省略。

3. 通知的正文

行文要简明扼要,一目了然。书面通知的首句要写明所做事情的具体时间、地点、概括性内容、出席对象及有关注意事项。正文一般可采用书信式,为了醒目也可采用张贴式或广告式。张贴式通知中,一个句子可以写成几行,尽量写在中间,各行的首字母大写。

4. 通知的对象

被通知的单位或人一般用第三人称,但口头通知就常用第二人称表示被通知的对象,带有称呼语;涉及要求或注意事项时,也常用第二人称表示被通知的对象(祈使句中常常省略)。

(二)写作建议

写作时注意四多一少。四多是被动语态多,将来时态多,简单句多,祈使句多;一少是文采修饰少,写作时要避免使用大词。

试比较:assistance vs. help preserve vs. keep utilize vs. use postpone vs. put off

另外,时间、地点要具体说明。请看下面两个例句:

I'd like to discuss the sales with you in the meeting room sometimes next week.

其中,时间应具体为 at 3:00 p. m. tomorrow.

I'd like to discuss the sales with you in the meeting room at 3:00 p. m. tomorrow.

发送通知的形式可以采用张贴、电子邮件、传真、备忘录等。

(三)格式与范例

书信形式的通知(notice in the form of the letter)沿用书信格式,包含通知日期、单位或人员、通知内容、落款;张贴的通知(posting-up notice)包括标题(notice)、日期(通常在正文的右下角,落款/发出通知的单位或负责人的下一行)、正文(无称呼语,正文中用第三人称)。

1. 书信形式的通知

Sample 1：

Dear Sirs，

AFC will be held in Beijing，Chongqing，Chengdu and Jinan in China from July 17 to August 7. Please watch the live matches with Chinese teams on TV. Communist

Communist Youth League.

Sample 2：

Davy Parson 下周要离开公司,你决定通知同事们给他开个欢送会。

June 7,2009

Dear Sirs，

Friday 23rd will be Davy Parson's final day with us at Hubin TDT. In order to wish him well in his new job，there will be a farewell party in Reception at 5：00 p. m..Everyone is invited.

Truly yours，

× × ×

2. 张贴形式的通知

秘书处拟于 1 月 25 日召集公司所有秘书开会。

NOTICE

All the secretaries of the company are requested to have a meeting in the meeting room on Monday at 4：00 p. m. tomorrow.

The Secretary Office

Jan. 15,2010

3. 传真形式的通知

通知各销售部经理:因本公司业务扩大,分店数量增加,邀请诸位参加新店开张暨新产品展示发布会。

Date：October 5,2009

To：Sales Managers

From：John Higgins，Managing Director

Subject：Business expansion

This is to announce the establishment of a new branch of our company in Shenzhen, with Mr. Zhang Xiwang in charge.

We wish to avail ourselves of this opportunity to express our thanks for your cooperation with us in the past years and hope that the new setting-up branch will enable us to be of better service to you in the future.

In order to demonstrate the range of merchandise, we are arranging a special window display during the week beginning on October 20. We hope you will visit the new branch during this opening week.

二、启事

（一）主要内容

启事大体由启事名称、正文、落款和启事日期组成。启事的名称由启事的内容决定，可作为标题放在启事的上方居中的位置，字体略大于正文。启事的正文要说明具体内容，简洁明了。

（二）写作建议

启事作为公告性的应用文，文中的表述要开门见山，多采用简单句式，避免华丽辞藻和赘述。试比较下面两组句子：

I'm so upset and sad to say that I have lost my computer that was given to me as the gift by my father on my birthday ...

I lost my computer on the playground yesterday afternoon. That is grey, 20cm wide and 4cm high. Will the finder please ring me up to fetch it back? Tel: 6633225.

上述两组句子中，第一句描述失物者的心情，不适用于寻物启事；而第二句，描述遗失物品的特征、联系人等，是寻物启事适用的语言。

（三）格式与范例

例如，开业启事：

Opening of New Business

Dear Sir or Madam,

To meet the growing demand for anti-bacteria materials in Shanghai, We have decided to extend our business by opening a new branch for our product here. We employ a well-trained team which makes routine work for us. We would be very grateful if you would take full advantage of our favorable service.

The official opening will take place in the following Sunday, August 28. We hope you will visit the new branch at 76 Brook Avenue during the opening week.

Yours sincerely,

× × ×

三、便条

（一）主要内容

便条内容简短，类型不尽相同，可以灵活变通。各类便条基本要素如下：日期（date）、称呼（salutation）、正文（body）、署名（signature）。

（二）写作建议

（1）便条的具体日期用数字表示，月份用英语表示，以免产生误解。如 2010 年 11 月 8 日，可以写成"November 8,2010"或"8 November,2010"，而不要写成"11/8/2010"或"8/11/2010"。

（2）英语月份的写法中，除了 5 月 May 之外均有缩写，1 月 Jan,2 月 Feb,3 月 Mar,4 月 Apr,6 月 Jun,7 月 Jul,8 月 Aug,9 月 Sept,10 月 Oct,11 月 Nov,12 月 Dec。

（3）地点和时间同一句中出现时，应先写地点再写时间，而时间则应遵循星期、月、日、点钟的顺序。

（三）格式与范例

便条的格式不规范,内容尽可能简单,不注重文字的推敲,也不拘于写作形式。日期一般写在右上角,称呼的上一行。当天办理的事只需写点钟即可,如 8：00 a.m.,3：00 p.m.。

称呼比较随意,可直呼名字,如 Tom, Jack 等,结尾不用敬语,但在较为正式的场合,如写给上司或长者时,最好选用尊称 Dear Mr. Wang/Miss. Lee。署名写在正文的右下方,如正文较短,只有一行内容,只需在正文末注上名字。署名通常只写名字,不写姓,或用姓名的首字母。例如:

Write a note to Mr. Huang, the Research and Development Manager. You are going to discuss the plan for the new product with him.

8：30 a. m.

Dear Mr. Huang, the Research and Development Manager,

I'd like to discuss the plan for the new product with you in my office at 2：00 p. m. today. Please bring the promotional materials.

Lin Xin

四、传真

（一）主要内容

正式的传真公文包含传真扉页(fax cover)、电文另页传送。主要内容如下:

Ref.(reference):信函参考编号,包括有关人员的姓名首字母,如 Ref. No: E86401;

Our Ref:发件人编号;

Your Ref:收件人编号;

From:发送传真的部门或人员姓名;

Attn:收件部门或收件人;

To:接收传真单位的名称,如 ABC Company;

CC:副本,抄送其他收件人;

Date:发传真日期;

Fax No：传真号；

Pages：传真页数；

Re/Sub：传真事由。

（二）写作建议

传真的发明给我们的生活和商务活动带来极大的便利。通过传真机传递的函件，多为齐头式，内容、口气同普通信函相似。为了方便收件人阅读、辨认以及公司内部文件的保存，在写作传真过程中，应使用简洁明了的字体，以便使接收到的传真清晰可辨。若使用热敏传真纸接收传真，应注意将值得保留的文件及时复印归档，因为热敏纸上的文字会随着时间的流逝褪色。归档时要标明收件人和发件人的姓名、公司名称、所属部门、电话号码、传真号码、联系地址、主题行、日期和页数。

（三）格式与范例

一般公司都有固定的传真格式，我们需要清楚地填妥传真头，起拟传真内容，准确、快捷地将有关内容传给对方。

ABC Import & Export Co..

ADDRESS：23 Brookly Road, New York, U. S. A.

TO：LANTINUS CO. LTD.

ATTN：Liu Yan

FROM：He Hua

RE：Providing Information

E-mail：HH2345 @ sina. com

DATE Jun. 4,2010

FAX NO：0591-83901987

PAGE：1

Dear Sirs，

It was a pleasure to meet you this week and learn your interest in our promoting project. Please find enclosed detailed information of our special promotion packages for the March issue.

As time is short, final deadline has passed. Your prompt confirmation would be highly appreciated.

Thank you for your kind attention and I look forward to your early reply.

Yours Sincerely,
He Hua
Marketing Director

五、商务报告

（一）主要内容

商务报告是企业经理人指派下属对某一事件进行调查研究，收集和汇总相关数据和信息，并对其作出归纳、分析、评估和论证，再以书面报告的形式呈交的文件。商务报告所传递的信息是否充分和准确，将直接影响企业高层的决策。

商务报告应用广泛，根据报告的正式程度（level of formality）可将商务报告分为正式报告（formal report）与非正式报告（informal report）；根据报告内容则可分为提供信息类报告、可行性报告、建议报告、调查报告、总结报告、财务报告、审计报告、销售报告、市场分析报告、分红配股报告等。

（二）写作建议

（1）商务报告的首段部分应开门见山、简明扼要地陈述写作目的。

（2）坚持客观公正、忠于事实的写作态度，少用第一人称，以免报告带有主观性和偏见，保证论据的准确性。

（3）观点清晰、中心明确、逻辑性强，层次结构安排合理、内容完整。

（4）确保报告的结论和建议经过详细的分析和充分的论证，不草率做出概括性、绝对性结论。

（5）行文简洁流畅，不赘述多余信息。

（三）格式与范例

商务报告一般包含事由（introduction）、调查结果（findings）、结论（conclusions）及建议（recommendations）这几个主要部分。商务报告常用重心前置式（opening-summary pattern/front-loaded pattern）和重心后置式（delayed-summary pattern）两种布局方法。

重心前置式商务报告采用综述（opening summary）、信息分析（data analysis）、结尾（closing）的布局方法，即在报告开篇就叙述主要内容和结论，然后再详细论证；重心后置式商务报告则采用导语（introduction）、信息分析（data analysis）、综述（opening summary）的结构，即在报告的开头介绍主题、写作目的等，报告的中间分析、论证相关资料和数据，而将结论或建议放在结尾部分进行综述。这两种布局各有特点和长处，写作时可根据实际情况合理选用。

Shape of a report（商务报告的文体结构）

Title：题目（包括副标题）

Transmittals：报告传达书（介绍作者姓名、单位、主管部门、呈送对象和日期）

Summary：概述

Contents：目录（章节名称、附录等）

Introduction：引言（写作目的、背景、框架、文体介绍）

Findings（Body）：正文（调查研究成果陈述、分析、调查结果）

Conclusions：结论

Recommendations：可行性建议

References：参考资料

Appendices：附录（数据支撑、问卷等）

六、裁判文书

（一）判例报告

判例报告通常包括：（1）案件说明：指判例报告的说明部分。应写明案件名称、双方当事人诉讼主体地位、法院备案号、案件受理法院的名称、案件审理和 / 或判决的日期以及案号等信息；（2）双方当事人

律师和 / 或公诉人的姓名；（3）主审法官姓名：有时当不便公开主审法官时，主审法官姓名就不出现，而是用短语 PER CURIAM（英文义：by the court）、MEMORANDUM OPINION 或 MEMORANDUM BY THE COURT 代替，意即由法院所定；（4）法庭意见：这是判例报告的主体部分，应写明导致法庭判决的绝大多数或者多数法官的意见。它主要包括以下五个要素：①事实：在一审案件中，法官应阐明经审理后认定的案件事实；②争议：包括事实争议和法律争议；③裁定：提供对案件所涉及的争议的解决方案；④判决理由：阐释法庭是怎样得出裁定的推理过程；⑤判决结果：通常写在判例报告的结尾，写明对当事人的具体处理办法。

判例报告通常可分为刑事判例报告和民事判例报告。在刑事案件中，法官或陪审团通过对检察机关或大陪审团提交的起诉书和被告提交的答辩状中所提及的事实争议进行裁定，从而得出法院认定的事实。而在民事判例报告中，法官或陪审团对双方诉状中所提及的事实争议进行裁定，从而得出法院认定的事实。

第一审刑事判决书是初审法院按照宪法有关司法程序的规定，对其审理的刑事案件，确认被告人的行为是否构成犯罪，犯什么罪，是否处以刑罚，或者免除刑罚的问题做出的书面处理决定。

民事判决就是法院在程序终结时做出的最终决断，既有关于当事人权利义务分配的实体判决，也有驳回诉讼决定等程序问题的判决。美国的民事判决通常分为四类：一是金钱损害赔偿的判决；二是诉讼费用的判决；三是平衡救济判决，指法院对侵害方发出停止侵害的禁令；四是宣告式救济判决，当损害可能发生时，法院宣告一方具有某项合法权利，避免损害进一步发生。

（二）案情摘要

在法律上，"摘要"一词具有两层含义：一是指由律师向上诉法院递呈的书面法律文件，旨在向法院说明为什么下级法院已做出的裁决是正确或错误的；二是指对一份具体的法院的判例报告做出的分析概要。前者可称为上诉答辩摘要或上诉状（appellate brief），后者可称为案情摘要（case brief）。下面主要研究案情摘要的写作结构与方法。

案情摘要的写作目的是通过整理法院相关判例报告的法律要点，从而便于以后的引用。同时,案情摘要的写作无论是对律师还是对法律研究人员和法学院的学生都有重大意义。案情摘要的制作风格有很多种,是根据不同的写作目的和制作者的习惯而定的。案情摘要一般有详式和略式两种。略式的写作风格比较简单,这里不再详说,下面将重点介绍详式案情摘要的写作结构及方法。

(1)案号:标明在何处可以找到该案例的判例报告。

(2)当事方情况:写明当事方的姓名、关系和诉讼主体地位。

(3)当事方的诉讼目的:写明双方当事人力图达成的诉讼结果。

(4)当事方的诉讼依据:写明案由和辩护理由。

(5)前审历史:由于判例汇编中收入的绝大多数判例都是上诉案件,该部分将对下级法院的审理情况作简单回顾。

(6)事实:通常只给出法庭认为与争议直接相关的关键事实。

(7)争议:一般只是法律争议,因为律师通常对事实争议的解决不能施加太大影响,但对于法律争议,他们可以通过法庭辩论据理力争,尽量维护其当事人的权益。争议一般用疑问句的句式。

(8)裁定:提供对案件争议的解决方案。

(9)推理:简要阐释法庭得出裁定的推理过程。

(10)判决结果:写明案件的审理结果和具体处理办法。

(11)评论:可能包括并存意见、反对意见和个人评论。

七、仲裁文书

(一)仲裁申请书

仲裁申请书,是争议一方当事人,即申诉人根据合同中的仲裁条款或事后达成的仲裁协议书将已经发生的争议提请仲裁机构进行审理裁决,以保护其合法权益的法律文书,也是争议另一方当事人,即被诉人应诉答辩的依据。根据国际商事仲裁中的一般做法,如果双方当事人选择某常设机构进行仲裁,申诉人应向该常设机构提出仲裁申请书。如果双方当事人约定设立临时仲裁机构来审理有关争议,则申诉人必须直接将仲裁申请书送交被诉人。同时,申诉人往往通过其律师向仲裁机构提交仲裁申请书。

仲裁申请书的写作一般包括以下几个方面的内容:(1)申诉人和

被诉人的姓名(名称)、地址及其他基本情况。(2)申诉人所依据事实的陈述,这部分是发生争议的事实基础,应根据事实和证据将争议发生的时间、地点、情节过程、因果关系等予以简要陈述,并应明确争议的具体内容和争议的焦点。必要时还应引证相关的法律依据。(3)申诉人所依据的仲裁协议,也就是将原来各方达成的仲裁协议的基本内容,如合同中的仲裁条款或另行订定的仲裁协议书的基本内容阐述清楚。这部分与仲裁所适用的程序法,以及合同适用的实体法关系至为密切。(4)申诉人的仲裁请求。也就是申诉人向被诉人提出的具体要求,往往是要求被诉人履行什么义务、赔偿何种损失或者确认、变更某种法律关系等。(5)所附有关文件。仲裁申请书还应当附具与申请有关的文件,如合同、仲裁协议,当事人来往电函、传真、鉴定书、汇票、转账支票等文本或经过证明的副本或抄本。(6)申诉人或其授权的代理人的签名、盖章。

(二)仲裁调解书

仲裁调解书是指仲裁庭就争议当事人之间经过调解后自愿达成协议的内容予以认可的法律文书。

仲裁庭在作出裁决前,可以先行调解。在双方当事人经仲裁庭调停或双方自行达成和解协议后,一般应由仲裁庭根据和解协议的内容,制作调解书,终结该调解程序。仲裁调解书与仲裁裁决书具有同等法律效力,但仲裁调解书的内容一定要在双方自愿的情况下达成,必须符合有关的法律规定。

仲裁调解书的正文需要包含以下内容:(1)案件事实。简要阐明双方当事人争议的事实和焦点、申诉人和被诉人各自诉辩的理由及请求。如果当事人不愿写明争议的事实和理由,可以不写。(2)调解结果。引用仲裁规则说明调解依据,结合写明双方当事人调解的态度。双方当事人自愿达成的协议事项,可分项列出。(3)仲裁费用的承担。不论是当事人协议确定的还是仲裁庭决定的,仲裁调解费用的数额及承担情况应明确。(4)附项。注明该仲裁调解书的份数及双方当事人所持份数。(5)双方当事人或授权的代理人以及仲裁员签名盖章。

（三）仲裁裁决书

仲裁裁决书指由仲裁庭对当事人提交的争议进行审理,根据查明的事实、证据,在审理终结时对全案依法作出的实体性裁决的仲裁法律文书。仲裁裁决书是仲裁庭解决合同纠纷或其他财产权益的最重要的仲裁法律文书,应准确、翔实地反映双方当事人争议的事实,依法作出公正、合理的裁决决定,阐明裁决处理的理由,以使仲裁裁决有效地发挥法律效力。

仲裁裁决书的正文部分需要含有以下内容:(1)争议事实。因为这一部分是仲裁的事实基础,所以一般力求详尽。它应包括双方当事人一致认定的事实,双方当事人的争执意见和分歧焦点,申诉人的请求及请求理由,被诉人答辩的内容概要及有关证据的认定。(2)裁决理由。这部分要有针对性,针对申诉人的仲裁请求和被诉人的答辩意见,详细说明当事人的哪些主张和要求是合理的,应该予以支持,哪些是不合理或不合法的,应该予以驳回,同时说明理由。(3)裁决结果。这部分必须明确、具体、具有可操作性。对案件的处理决定有多项的,要分项说明。仲裁费用的数额及双方当事人的承担情况应专门具体说明。(4)仲裁员签名盖章。

案例一 律师函

Lawyer's letter

【　】××××No. ×××

Shanghai Bosch Rexroth Hydraulics & Automation Ltd.:

Shanghai Cenlaw & Partners law firm is legally registered in accordance with Chinese law. The lawyer who signs this lawyer's letter have the complete legal qualification for practice. This lawyer obtains the authorization of ULRICH HEINRICH MARTIN DREIZLER（hereinafter called "principle"）and addressed to Shanghai Bosch Rexroth Hydraulics & Automation Ltd. of（hereinafter called "company"）as follows:

1.Basic facts:

The contract of employment was signed between the principle

and the company and the contract was executed and effective on July 1st, 2007. The paragraph 1 of article 1 of the contract of employment stipulates that the company appoints the principle as the senior application engineer—plastic Machinery of the company. The paragraph 2 of article 1 of the contract of employment stipulates the scope of activities of the principle: ① Support Plastic Application Manager to develop Plastic Application department, ② Improve skills and competences in Plastics Application department, ③ Improve technical support and train up local stuff, ④ Select and train up a successor to replace them after the assignment is finished. The paragraph 3 of article 1 of the contract of employment stipulates that me principle reports disciplinarily and functionally to the manager application sales and product management of the company.

2. The focus of the dispute by both parties

The company holds that the principle should report to the application mall ager—plastic. The Company sent a written statement to the principle on August 10th 2007 and required the principle sign the statement to confirm that the principle should report to Ms. Jane Ren, namely the application manager—plastic.

The principle holds that he shall report disciplinarily and functionally to the manager—application sales and product management of the company.

3. Lawyer's opinion

The lawyer holds that the contract of employment stipulate explicitly the principle should report disciplinarily and functionally to the manager-application sales and product management of the company. The contract of the employment is the true expression of intention of both parties, both the principle and the company should comply with the contract strictly. The manager-application sales and product management of the company referred to in the contract is quite different from the application manager plastic because they are neither the same position nor in the same level. In accordance with the organization structure of the company the manager-application sales and product management of the company. While the application manager-plastic is only the manager of one department of the company.

The lawyer holds that the behavior of the company was factually to decrease the position level of the principle disciplinarily and factually in disguised form. The company is in fact in violation of the contract of employment.

4.Statement

The lawyer's letter shall be sent by courier.

With the lawyer's letter, the lawyer expects that the company can't change the power and functions of the principle in the name of inner system of the company and should comply the contract strictly in order that the principle can perform his duties properly and completely.

× × ×Law Firm

Agent Lawyer：× × × ×

Date：× × × ×

Contact：× × × × × ×

× × ×Law Firm × × ×Agent Lawyer

Address：× × × × Tel：× × Fax：× ×

解析：

上面是律师函的完整范文。本案例将律师函的作用及结构体现得淋漓尽致。首先，从作用上，它体现了律师函的以下作用：询问、答复、宣示、说服。然后，从律师函的基本结构来看，该范文也将其基本内容体现得十分全面。该范文的首部为：Lawyer's letter【　】× × ×No.× × ×。该范文的正文主要包括三个部分：（1）说明了委托来源，即 Shanghai Bosch Rexroth Hyxroth Hydraulics & Automation Ltd.（上海液压及自动化有限公司）；（2）实施概要：首先说明了该事务所具有合法的执业资格，然后指出本律师依法取得公司的授权，具体细则如下。（3）法条引用和律师评述：①陈述了基本实施；②说明双方争议的焦点；③指出律师意见；④提出声明。

案例二 裁判书

1. 判例报告

STATE of Ohio, Plaintiff-Appellee v. Bennie WILSON,
Defendant-Appellant
APPEAL NO. C-030040
First Appellate District Court of Ohio, Hamilton County
2003 Ohio 5091; 2003 Ohio App. LEXIS 4594
September 26, 2003

Christine Y. Jones, for Appellant.
Michael K. AllenHamilton County Prosecuting Attorney, and
Emma Seta, for Appellee.

OPINION
Mark P. Painter, Judge.

Defendant-appellant Bennie Wilson appeals his conviction on two counts of aggravated assault. Wilson had been indicted on two counts of felonious assault, but, after a bench trial, had been found guilty of the lesser offenses. The trial court sentenced Wilson to the maximum term of eighteen months in prison. We affirm.

On September 21, 2002, Wilson and his wife, Mary, were sitting on a beach in Washington Park with Bennie Williams. All three had been drinking alcohol.

Williams, the victim, testified that he had known Mary for several years, but that he had only known Wilson by sight for a few weeks before that day. Williams testified that he had not known that Mary and Wilson were married, but that while the three of them were sitting on the bench, Mary had asked Wilson for a divorce. Williams testified that after hearing Mary ask Wilson for a divorce, he said to her, "If you ever need a place to lay your head or something to eat, you're always welcome."

According to Williams, immediately after his offer to Mary, Wilson jumped up and stabbed him with a knife two times, once in the neck and once in the head. Bleeding profusely, Williams was helped by several people in the park and was eventually taken to the hospital, where he remained for 36 hours. Wilson walked away from the scene and was arrested several hours later by police.

Wilson testified that while he, Mary, and Williams sat on the park bench, there had been no conversation concerning his marriage to Mary and that she had not asked him for a divorce. Wilson testified that Williams said to Mary, "I would like to lay down with you." Wilson admitted that the comment had made him angry. Wilson also testified that Williams had slapped Mary twice and kept "rushing" at him. Wilson admitted that because he was angry, he and Williams began "tussling", and that he pulled his knife out and cut Williams twice.

The trial court found that Wilson had not stabbed Williams in self-defense, but that because Williams had provoked Wilson's anger, Wilson was guilty only of aggravated assault. Wilson now appeals his conviction for aggravated assault, advancing three assignments of error.

Sufficiency and Manifest Weight

In his first two assignments, Wilson argues that his conviction was not supported by sufficient evidence and that it was against the manifest weight of the evidence. When reviewing the sufficiency of the evidence to support a conviction, we must examine the evidence admitted at trial in the light most favorable to the prosecution and determine whether such evidence could have convinced any rational of fact that the essential elements of the crime had been proved beyond a reasonable doubt. In a challenge to the weight of the evidence, we must review the entire record, weigh the evidence and all reasonable inferences, consider the credibility of the witnesses, and decide whether, in resolving conflicts in the evidence, the trier of fact clearly lost its way and created a manifest miscarriage of justice.

The aggravated-assault statute states, "No person, while under the influence of sudden passion or in a sudden fit of rage, either of which is brought on by serious provocation occasioned by the victim that is reasonably sufficient to incite the person into using deadly force, shall knowingly cause serious physical harm to another or to another's unborn."

Wilson admitted in his testimony that he had stabbed Williams. Wilson also offered evidence that his attack on Williams had been provoked by Williams's words and threatening actions. Williams testified that he had been hospitalized for 36 hours, and the parties stipulated that Williams had been stabbed twice.

We conclude, viewing the evidence in a light most favorable to the state, that a rational person could have found that the state had proved all the elements of aggravated assault beyond a reasonable doubt. We also conclude, after reviewing the entire record, that the trial court did not lose its way in finding Wilson guilty of two counts of aggravated assault. Accordingly, we overrule Wilson's first and second assignments of error.

Sentencing

In his third assignment of error, Wilson argues that the trial court did not comply with the sentencing guidelines and that the imposition of the maximum term for aggravated assault (eighteen months) was excessive.

An appellate court's standard of review for sentencing is not whether the sentencing court abused its discretion. An appellate court may not disturb a sentence unless it finds by clear and convincing evidence that the sentence is not supported by the record or is contrary to law.

For a court to impose the maximum sentence, it must comply with two statutory provisions. The first, R. C. 2929. 14 (C), establishes the public policy disfavoring maximum sentences except for the most deserving offenders. It states that a trial court may impose the longest prison term authorized for the offense only upon (1) offenders who have committed the worst form of the offense; (2) offenders who pose the greatest likelihood of committing future crimes; (3) certain major drug offenders; and (4) certain repeat violent offenders. The other statute at issue, R.C.2929.19 (B) (2) (d), requires a sentencing court to state on the record its findings supporting its decision to impose the maximum sentence.

At Wilson's sentencing hearing, the trial court merged the two counts of aggravated assault and imposed only one sentence. The court discussed Wilson's extensive criminal record. While living in Alabama, Wilson had been convicted of sexual assault in 1974 and child molestation in 1975, for which he had been sentenced to four years of probation. In 1978, he had been convicted of burglary and sentenced to four years of confinement. He had been paroled in 1982. In 1982, he had been convicted of robbery and sentenced to fifteen years of confinement. In 1989, he had been convicted of driving under the influence and driving with a suspended license. Wilson had then moved to Cincinnati, where he had received three DUI convictions, plus convictions for forgery in 1999, theft in 2001, and domestic violence in 2002.

The court stated that Wilson had been on probation in Hamilton County a number of times. The court noted that Wilson's probation had been revoked four times. The court stated that Wilson was under community control at the time of the aggravated assaults. The court also found that the victim had suffered serious physical harm.

The trial court concluded, "based on his record, what he did, and based on the fact he was on probation for a violent offense, he does pose the greatest likelihood of recidivism. So, I am going to impose the maximum term on this."

We hold that the trial court sufficiently stated on the record its reasons supporting its decision. The trial court stated its reasons and then found that Wilson posed the greatest likelihood of committing future crimes, thus allowing the court to impose the maximum sentence of eighteen months on Wilson. And in view of Wilson's extensive criminal record, prior unsuccessful probations, and the fact that he was on community control at the time he committed the offenses at issue, we conclude that the trial court's decision is supported by the record.

Accordingly, we overrule Wilson's third assignment of error and affirm the judgment of the trial court.

Judgment affirmed.

Sundermann, P. J., and Hildebrandt, J., concur.

解析：

这是一则刑事判例报告,报告首先给出了案件说明、上诉人律师和公诉人以及主审法官的姓名。对于法庭意见,分为三个部分进行写作：首先简要说明该案的前审历史和上诉法院的判决结果,同时较为详细地叙述相关的事实情节；其次,列出了 Wilson 的三项抗辩理由,并根据相关法律,结合事实情节进行反驳；最后重申了法院判决。这样使得判决清楚明白,易于理解。

2. 案情摘要

A Comprehensive Brief

CITATION：Brown v. Southall Realty Co. In c. 237 A. 2d 834（D. C. 1968）

PARTIES：Brown/tenant/defendant below/appellant here

Vs.

Southall Realty/landlord/plaintiff below/appellee here

OBJECTIVES：Southall wants to evict Brown and regain possession of the rented premises.

CAUSE OF ACTION：Southall Brown breached her duty under the lease to pay rent.

DEFENSE：Brown：the lease is illegal and no rent need be paid under it because of a violation of 2304 and 2501 of the D. C. Housing Regulations.

PRIOR PROCEEDINGS：（1）TRIAL. Southall sued Brown for possession of its rented premises for nonpayment of rent.

RESULT：Judgment for Southall, awarding it possession of the rented premises.

PRESENT PROCEEDING：（2）APPEAL. Brown now appeals the

judgment of the lower court to the D.C. Court of Appeals.

FACTS: Tenant leases housing from landlord. At the time of the lease, there are Code violations in the premises which render it unsafe and unsanitary. The landlord knew of these violations before entering into the lease. Later, the landlord sues the tenant for possession due to nonpayment of rent. Landlord wins. Tenant appeals even though at the time of the appeal the tenant had moved from the premises and did not wish to return.

ISSUE I: Can a tenant appeal a judgment awarding possession to the landlord when the judgment would be res judicata on matters such as whether rent is due even though the tenant no longer wants possession of the premises?

HOLDING I: YES

REASONING I: The court allowed this appeal because of the consequences of the doctrine of res judicata. If the appeal were not allowed, the trial court decision on the issue of rent would be final. The issue of possession may now be moot since the tenant no longer wants possession. But the rent issue is still alive. If it is not resolved now, then res judicata will prevent the tenant from later claiming that she does not owe rent in the event that the landlord later sues for rent.

ISSUE II: Is a lease void when the landlord knows before entering the lease that there are unsafe and unsanitary conditions in the rented premises in violation of Sections, 2304 and 2501 of the D.C., Housing Code?

HOLDING II: YES

REASONING II: It was the intent of the Commissioners (who wrote the Housing Code) to have a lease declared void when the landlord enters it knowing that there are conditions that make the rented premises uninhabitable. To infer any other intent would contradict the purpose of Sections 2304 and 2501 which is to insure that housing is livable.

DISPOSITION: Judgment for landlord is reversed.

COMMENTARY: (omitted)

解析：

这是一则案情摘要。范文将案情摘要的语言特点体现得十分明显，包括高度格式化和语言概括性强。摘要的格式化体现在：CITATION（案号）、PARTIES（当事方情况）、OBJECTIVES（当事方的诉讼目的）、CAUSE OF ACTION（案由）、DEFENSE（抗辩）、PRIOR PROCEEDINGS（案件前审历史回顾：上诉案件适用）、PRESENT PROCEEDING（当前诉讼情况）、FACTS（案件事实）、ISSUES（案件争议）、HOLDINGS（裁定）、REASONING（判决理由）、DISPOSITION（判决结果）和 COMMENTARY（评论：可省略）等写作事项，并按照前后顺序排列。

另外，由于案情摘要的写作目的在于整理法院相关判例报告的法律要点，方便以后的引用，所以它的语言具有高度的概括性。

范文还使用了很多固定的表达方式，如表达当事方诉讼目的的有：

the plaintiff seeks...

the respondent brings this action in order to...

he wants this court to...

the buyer brings this suit to...

this is a suit brought under the Consumer Protection Act in which this court is asked to...

八、新闻文书

（一）标题的写作方法

1. 词语的选择

（1）省略

英语新闻标题最突出的特点当属省略，一般情况下省略的词语以虚词为主，这其中包括省略冠词、物主代词、系动词、助动词、连词等。例如：

State's garage sale reels in buyers aplenty

（=The State's garage sale reels in buyers aplenty）

州府旧物卖场甩货，大量买客纷至沓来

（《洛杉矶时报》，2009 年 8 月 29 日）

Anger as abortion provider Marie Stopes offers staff free terminations as "job perk"

（=Anger as abortion provider Marie Stopes offers its staff free terminations as "job perk"）

堕胎机构玛丽斯特普向员工提供免费堕胎"福利"引发愤怒

（《每日邮报》2010 年 8 月 8 日）

College send-off still scary

（=College send-off is still scary）

送孩子上大学还是胆战心惊

（《洛杉矶时报》2009 年 8 月 29 日）

Abuse of trust hitting elderly

（=Abuse of trust is hitting elderly）

滥用信任使老人遭殃

（《新西兰先驱报》2010 年 8 月 8 日）

Obama Administration to Mediate BlackBerry Bans from UAE, Saudi Arabia, others

（=Obama Administration to Mediate BlackBerry Bans from UAE, Saudi Arabia and others）

黑莓手机在阿联酋、沙特等国家遭禁,奥巴马政府将从中调解

（《纽约时报》2010 年 8 月 6 日）

（2）使用短小词

标题是为了集中、概括新闻内容,把最重要的新闻内容用最简洁的文字加以提炼。英文报刊除了采用省略某些功能性的虚词外,还常使用一些形象化的词汇及日常用语,而且在选用动词方面也别具特色。

新闻英语传递给读者的一般都是最新的政治、经济、科技、文化等各方面的信息。为了适合大多数读者的阅读水平,在选词上避免深奥、晦涩且音节多的词,取而代之的则是一些简短、形象、口语化的词语,这一点在新闻标题中尤为突出。一些简短的形象化词汇与日常用语在标题中的运用不仅形象生动地浓缩了新闻主题,而且极富吸引力,使读者读来更觉亲切、自然。例如:

Can I Grow a New Brain?（*Time*）

能再复制一个脑袋吗?

此外,在动词选用方面,一般不使用字母较多的冗长动词,从而方便

读者阅读和理解。比如表示"受伤，损伤"等意思的 damage，通常都是用 harm，hurt，hit，ruin 等来替代。

（3）使用缩略词

缩略词包括缩写词（一些组织机构或专有名词的简称；表示职业、职务或职称的一些名称；表示某些人熟悉的事物名称）和截缩词。

2. 时态与语态

在英语新闻标题中最常用的时态是一般现在时和现在进行时。但一般现在时除了行使本身的功能外，还行使一般过去时和现在完成时的功能。例如：

Earthquake Rocks Taiwan

（*Time*，2000）

地震震动了整个台湾岛（现在完成时功能）

Hong Kong court rejects property tycoon's challenge

（*The Wall Street Journal* Sept.，2009）

香港法院拒绝房地产大亨的挑战（一般过去时功能）

此外，新闻标题中常用不定式表示将来时态。例如：

No charges to be filed in Richardson case

理查森一案将不予起诉

（《洛杉矶时报》2009 年 8 月 29 日）

GM，REVA to develop electric Spark minicar

（*The Wall Street Journal* Sept.，2009）

通用汽车公司和雷瓦公司将研发电动微型车 Spark

（二）导语的写作方法

下面将着重介绍直接导语和推迟导语的写作。

1. 直接导语

所谓直接导语，就是在文章的一开始就告诉读者这个故事的最重要的内容。直接性导语在新闻报道中比较常见，这类导语的使用非常频繁，大多数的叙述都使用这种方式。

2. 推迟导语

推迟导语一般用于新闻特写中或那些不是正在发展且发展很快的

事件中。它总是以一个事件、轶闻或例子引出背景或唤起情绪。延缓性导语的特点是采取一种带有文学色彩的写作手法,使导语更加生动活泼、情趣横溢,从而激发读者的兴趣。

(三)新闻文书写作实践

案例一

For the Families of the Dying, Coaching as the Hours Wane

Greg Torso's death announced itself with a long exhale and then silence, as the breath literally left his body. His mother had been told to expect this, so she was not scared.

Ms. Torso had worried that an undertaker would barge in moments after her 42-year old son died, before she had had time to say goodbye. She had been assured she could spend as much time with the body as she wanted.

Could she bathe and dress him? Save a lock of his hair? Commemorate his passing with wine and reminiscence at the bedside? All of that was fine, she had been told, setting the stage for a death that she later said had left her "on the edge of euphoria."

Ms. Torso was coached and consoled through the final days and hours of her son's life, a rarity even under the umbrella of hospice, which for three decades has promised Americans a good death, pain-free, peaceful and shared with loved ones at home.

But there is a growing realization that hospice has its limitations. Doctors, nurses, social workers, clerics and volunteers are rarely there for the final hours, known as active dying, when a family may need their comforts the most.

(*New York Times*, May 20, 2006)

解析:

(1)"his body, His mother, She, him"等词必须通过前照应(reference)才能理解,his body 指的是 Greg Torso 的身体,him 指的是 Greg Torso,His mother 是 Greg Torso 的母亲,也就是下文中的 Ms.Torso。

(2)为了避免简单重复,往往可以采用不用的词汇来表达同一个人或事,如文中使用了 her son, her 42-year-old son 来指称 Greg Torso,进而达到词汇衔接(lexical cohesion)的目的。

（3）文中使用了多种表示逻辑概念的连接词进行连接(conjunction)。

表递进关系的有: and。

表转折关系的有: but。

表因果关系的有: so。

表时间关系的有: then, as, after, before, later, when。

表比较关系的有: as much time...as she wanted。

案例二

Siamese Twins in "clear all roads" Drama Siamese twins, joined at the chest and born prematurely to a young wife on holiday, were raced 130 miles from Lincoln to London last night.

The twins—girls, with a combined weight of 81b—were taken to Great Ormond Street Children's Hospital. They were said to be in "fair" condition.

Police in five counties had joined in an emergency link-up to speed the ambulance. The order went out: All road junctions must be kept clear.

Inside the ambulance the twins were tucked up in an incubator. A doctor and two nurses watched over them.

Outside, police cars and motor-cycle outriders buzzed around in relays until, after three hours 25 minutes, the ambulance reached Great Ormond Street. A CHANCE

A doctor at the Lincoln maternity home where they were born yesterday said: "Apart from being a bit premature, they are reasonably satisfactory."

They were transferred, he said, because specialised treatment offered them the best chance of survival.

He added, "I think it will be very difficult to separate them."

The mother, who is in her 20's, was an emergency admission at the hospital. Last night she was "pretty well".

She and her husband—they have no other children—were on

holiday and are believed to be from Essex. The hospital said the parents did not want their names disclosed.

The doctor said: "We had no idea the babies were joined until they were delivered."

And that, for ambulance-men Ernest Skelton, aged 40, and Eric Toyne, 25, meant a hectic dash to London.

At 5.25 P.M. a call came through to their station.

The ambulance loaded an incubator—always kept heated at the ambulance station —and was soon heading south.

Drivers Skelton and Toyne, both married with two children, took turns at the wheel, HIGH SPEED.

They reached the A1 at Newark, 14 miles from Lincoln and raced down the dual-carriageway, caring up the 120 miles to Hatfield.

At 8.20 they stopped for petrol at Hatfield.

At 8.35—15 minutes and 15 miles later—Hertfor-shire police handed them over to the Metropolitan Police for the final lap. Most of that was covered at speeds reaching 80 miles an hour.

James Wilkinson, Express medical reporter, writes: Siamese twins occur in only one in 50,000 births. But as the majority are still-born, the chances of live Siamese twins being born are much rarer.

Doctors will perform many tests and study X-rays before deciding exactly how they should be separated.

The last separation operation in Britain was in June 19, 1964 at St. Bartholomew's Hospital, London, on the year-old Siamese twin daughters of Mr. and Mrs. James Fenwick, of Nottingham, who were joined at the head.

One of the girls died half an hour after the operation. The other survived.

解析:

这篇新闻稿件的突出特点是使用了许多具有口语色彩的词语,如 clear au roads, raced, a hectic dash, buzzed around in relays, eating up the 120 miles to Hatfield 等,使得语言明白如话,通俗易懂。

新闻的读者群体庞大,分布在各个年龄段、性别及阶层,因此,新闻写作要讲究通俗易懂,深入浅出。英国报业之父笛福曾经在谈到自己的写作原则时说,要假设自己是在对 500 个不同职业的人讲话,并使每一个人都能听懂。西方新闻界对新闻语言的通俗性十分重视。新闻要用浅显的文字、生动的比喻或者公众熟悉的语言来表达信息内容。这篇稿件就是一个很好的范例。

案例三

The Simple Life Comes Back

These are the humble makings of a new American revolution in progress: macaroni and cheese, Timex watches. Volunteer work. Savings accounts. Domestic beer. Local activism. Sleds. Pajamas. Sentimental movies. Mixed-bred dogs. Bicycles. Cloth diapers. Small town ways. Iceberg lettuce. Family reunions. Board games. Hang-it-yourself wallpaper. Push-it-yourself lawn mowers. Silly Putty.

解析:

这篇新闻报道虽然简短,但生动具体地描绘出一幅 20 世纪 90 年代初席卷美国的简朴风尚的画面:吃的是便宜的通心面(macaroni)、奶酪(cheese)和生菜(lettuce);喝的是国产啤酒(domestic beer);穿的是传统的睡衣(pajamas);戴的是国产普通手表(Timex);养的宠物是廉价的杂种狗(mixed-bred dogs);健身方式是骑车(bicycles)和滑雪(sleds);人们更关心家庭,喜爱合家欢聚(family reunions),亲朋好友室内下棋(board games),享受天伦之乐;人们也关心社会,自愿为社区服务(volunteer work);人们在经济上能省则省:庭院活(yard work)自己干,自己装修室内(hang it yourself wallpaper),自己修剪草坪(push it yourself lawn mowers);小孩尿布不再是一次性的(disposable diapers),而可以多次使用的布制尿布(cloth diapers);儿童玩具不再是电动玩具(battery-operated toys),是弹性橡皮泥(silly Putty);人们不是有钱就花光(spend it all),而是把钱存入银行(savings accounts);人们不再留恋大城市大公司的高薪工作,而是回到乡镇(small town ways)。

对于过惯或满足温饱生活,以艰苦为荣,以浪费为耻,看重家庭亲情的中国人来说,可能无法想象穿睡衣、喝啤酒、骑车滑雪、牵狗散步、亲朋打牌、收拾庭院就是简朴生活风尚的象征。因此,新闻英语的写作还应从社会风尚、价值观念、家庭观念和生活方式等方面出发,不能脱离环境的影响。

案例四

Bill Clinton won't begin his last campaign until after he's left Washington, probably in 2001. Former presidents have no official role, and the confident ones (Truman, Eisenhower, Reagan) retire with a solitary dignity befitting a member of what Herbert Hoover once called an "exclusive trade union". But presidents who end their terms under a dark cloud often become obsessed with how history views them. That's why those who think Clinton, who appears likely to survive the trial, will retreat forever from public life in 2001 just to play golf should think again. Though the Senate may acquit him, Clinton will never stop trying to convince posterity that he was unfairly impeached and that he should be remembered for peace and prosperity, not scandal. Whether he is writing his memoirs or raising money, he will be guided by one primary objective: historical exoneration.

解析：

这则新闻的内容显示了新闻语体的准确性。新闻是现实生活的真实再现,因此,准确朴实是新闻语言最基本的要求。所以,通过媒介向人们报道和传播具有新闻价值的信息时无论是写景还是写物,无论是叙事还是谈人,都应该实实在在地将其本来的面目反映出来。

第二节　商务英语对外宣传文书的写作

一、名片

（一）主要内容

名片的主要内容一般包括：

（1）名片持有人所属机构（employment organization）

（2）持有人姓名（card holder）

（3）职位、职称、头衔（position title）

（4）机构地址（address）

（5）邮政编码（postal code）

（6）电话号码（telephone number）

（7）传真号码（fax number）

（8）电子邮件地址（E-mail address）

（二）写作建议

（1）关于地名的写法，一般遵循从小地名到大地名的写法，一般顺序为：室号—门牌号—街道名—城市名—省（州）—邮编—国家。如：No. 56, Wuyi Road, Kunming, Yunnan 650109, P. R. C.

（2）地址在名片上应保持一定的完整性，门牌号与街道名必须在同一行，不可分开写，不可断行，各种名称都不可断开。

（3）门牌号英美写法略有不同，英语写 No. 26，美语可写 26#。

（4）联系方式常用的缩略词有：Add.（地址）、Tel（电话）、E-mail（电邮）、O.（办公室）、H.（宅）、P. C.（邮编）、Fax（传真）。

（5）名片不能随便进行涂改，商务名片上一般不提供私宅电话。

（三）格式与范例

名片的格式有两种：一种是文字向左边靠齐，一种是文字居中。一般在名片的正上方、左上角或右上角印有公司或机构的名称，一般要求写全称，须大写，公司图形标志设置在左上角或右上角，在企业名称之前。持卡人姓名则以较大的字体置于名片的中央或较醒目的位置。职称或头衔以稍小的字体置于姓名的右方或下方。地址、电话号码、传真号码、电子邮件地址等写在名片的下方，通常先写地址，再写其他。邮编一般写在城市的后面。但现在名片的结构也呈现多样性，更能体现个性化。

二、公司简介

（一）主要内容

1. 公司概况

公司概况包括公司的性质、业务范围、公司规模、在同行业中的地位、公司的实力、公司的总部、成立时间等。通常情况下,在公司简介的开头会对公司的基本情况作一个简短的介绍,语言简洁明了,寥寥数语勾勒出公司的总体形象。

2.公司现状

公司现状是公司简介的重点,涵盖产品服务、经营管理、创造就业等几个方面。具体内容有产品或服务种类、经营策略及生产任务、员工情况、股东/合作伙伴/供应商/客户、企业文化等。

(1)产品或服务。这是凸显公司实力、优势的最重要部分,也是最吸引顾客注意,引起他们兴趣和购买欲望的部分。例如:

At NEC Electronics, we provide semiconductors used in a range of sectors, especially automotive and industrial, and consumer electronics, to customers worldwide.

The Vanguard Group offers individual and institutional investors a line of popular mutual funds and brokerage services.

Sophos is a world leader in IT security and data protection. We offer organizations complete protection and control-defending against known and unknown malware, spyware, intrusions, unwanted applications, spam, policy abuse and data leakage, and providing comprehensive network access control(NAC). Our reliably engineered, easy-to-operate products protect over 100 million users in more than 150 countries.

Notes:

brokerage:经纪业

malware:恶意软件

spy ware:间谍软件

spam:垃圾邮件

intrusion:入侵

unwanted applications:不需要的应用

network access control:网络访问控制

reliably engineered, easy-to-operate products:设计可靠、易于操作的产品

（2）经营策略和目标。例如：

In accordance with the following policies, we intend to increase our corporate and shareholder value while becoming one of the world's leading semiconductor companies.

Our goal is to operate our business with the highest level of integrity, responsibility and accountability and to continue to build on the trust that we have earned over the years.

The company follows the principle of "Customer First" and offers high quality products combined with excellent service.

公司本着"顾客第一"的理念，为客户提供优质的产品和服务。

（3）股东/合作伙伴/供应商/客户：从侧面体现企业的声誉及实力。例如：

Sophos works in partnership with numerous companies and organizations. Many of our partnerships focus on communication, education and research to combat computer viruses and spam.

（4）企业文化：企业发展的精神支柱。例如：

To foster a corporate culture that respects individuality and encourages innovation, where all employees are proud to be part of the NEC Electronics team.

ITT Vision and Values

RESPECT

Treat others fairly and courteously

Work as a team and help each other

Sustain a culture of diversity and inclusion

Value different ideas, opinions and experience

RESPONSIBILITY

Take ownership of our words and actions

Commit to quality

Provide a safe and secure workplace

Care for the environment and our communities

BC

Act ethically and honestly

Communicate with candor and courage

Keep our promises

Be consistent with what we say and do

3. 远景目标、规划

例如：

ABC company's short-term goal is to become the world top 3 white-goods manufacturer.

Long-term quality growth has always been a priority at Sdm Inc., which is why the company is constantly improving the way it sells its products, serves its customers and runs its business.

（二）写作建议

公司简介的篇幅可长可短，根据公司实际情况组织内容，决定写作形式，不一定面面俱到，要灵活把握。简单的公司介绍篇幅较短，可将不同方面的介绍融合在一起。详细的公司介绍内容较多，可采用分项列举的形式，使用标题或项目符号使其一目了然，也可采用表格和图例的形式来介绍。

一份值得称赞的公司简介应注意以下几点。

（1）专业术语大众化，也就是说，用外行人和业内人士可以理解的方式描述公司的产品或服务、主要人员等。

（2）注入一些个性化的东西。公司简介不仅要描述公司的产品或服务，也要包括有个性的企业文化。添加公司的宗旨、社区承诺或社会职责，会给公司简介增添人性化的色彩，从而引起读者的兴趣。

（3）阐述公司与众不同的财富，如公司获得的奖励和荣誉、公司的捐赠以及员工的志愿者活动等。还可阐述公司的教育、培训情况、员工的经历等，这些阐述可引导顾客认同公司的信条和标准等。

（三）格式与范例

About Enjoying, com Inc.

Enjoying, com Inc. started its business in 1990 with the aim of using the Internet to change book buying into the fastest, easiest, and most enjoyable shopping experience possible. Based in London, the company has been growing very fast and now employs 5,000 people from all over the world, and supports catalog and website operations worldwide. In 2006, online sales of Enjoying, com Inc. reached \$230 million.

Today, Enjoying, com Inc. is the place to find and discover anything to buy online. Millions of people in more than 150 countries have made it the leading online shopping site. It offers a wide choice of products, including free electronic greeting cards, millions of books, CDs, DVDs, toys and games, computers and a great variety of electronics.

The company works with sincerity and passion to serve and satisfy our customers.

Notes:

catalog：目录

website operations：网站运营

a wide choice of：广泛的选择

a great variety of electronics：各种各样的电子产品

内容提示：

这是一份简单的公司介绍,概括性强、层次分明、简洁、客观。有这几个部分：

（1）标题：公司的名称(引起顾客的注意)。

（2）主体部分：第一段介绍公司的创建时间、宗旨、总部、员工人数、销售情况等,第二段着重介绍公司的业务规模、产品与服务。

（3）结尾：公司的经营理念。

三、产品描述

（一）主要内容

（1）标题(title)：产品的名称(product name)和潜在顾客可能在寻找的关键词(keywords),如 Precision Tuned Xylophone,这个标题包含产品的名称 Xylophone（木琴）和关键词 precision tuned（调音精确的）。

（2）正文：产品的原料、设计、性能、用途、优点、规格、价格等。

（3）结尾：提供其他信息,如产品销售情况、售后服务、交货时限、公司联系方式等。

（二）写作建议

（1）在描述产品或服务时，要从顾客的利益出发提出并回答以下几个问题。

Who might want to buy my product?

Why do they want to buy it?（What need will it satisfy?）

What is their experience level with this product?（Do I need to educate them as to what benefit a feature provides?）How can I frame my product's features as benefits that give them a compelling reason to buy my product instead of competing products?

当你了解产品和潜在顾客时，你的产品描述几乎就写好了。

（2）一份既包含产品特色又包含产品益处的描述很有吸引力，因为潜在顾客最关心的是你的产品能给他们带来什么好处。

（3）以实事求是（factual）但又令人兴奋（exciting）的方式呈现产品的有关信息，例如在推销一种减脂治疗产品时，可以这么表达"Up to 1 inch thinner thighs in 4 weeks flat"（只用四周时间大腿就瘦了1英寸）。

（4）下笔时要牢记读者对象，行文措辞简洁、明快，重点落在本产品与众不同的特点。

（三）格式与范例

1. 逐条列出式产品描述

能很好地突出产品的特点，读者容易发现其优势；不用完整的句子，形容词词组或名词词组使用较多。例如：

Digital Game Player

2. 8 TFT display, Build-in 1.3 Mega camera; With speaker

Built-in Flash Memory from 128 MB ~4GB

Up to 12 Hours for Audio Playing and 4 Hours for Video Playing

Removable and rechargeable Lithium-Ion Battery

Multi languages——14 languages optional

Compatible with USB2.0

Displaying and Viewing Photos with Format of JPEG

Playing Mini Funny Games

Connecting TV Device through A/V OUT（PAL or NTSC）

E-book Function and Compatible with＊. TXT

Notes：

display：显示器

build-in：内置

flash memory：闪存

Lithium-Ion Battery：锂离子电池

compatible with：与兼容

format：格式

2. 概括式产品描述

与逐条列出式产品描述相比，概括式产品描述更细致入微、形象、生动。一般都用完整的句子进行描述，但有时为了简便起见也混合使用一些词组。例如：

About the Weight Monitor

Weight Monitor is a high quality and long-lasting product designed to measure how much body fat you have. It has an LVC display which shows changes in your weight. The graphs and charts are very easy to read. It holds health and weight records for up to five years. It is simple to use, small in size, and light in weight. It is ideal for use at home and in the office. The Weight Monitor is only $ 45 with a 24-month guarantee and the delivery is made within three days.

Notes：

Weight Monitor：体重监控器

body fat：人体脂肪

LVC display LVC：显示器

graphs and charts：图形和图表

内容提示：

这一产品描述主要包含产品的名称、功能、性能、优点、价格和售后服务及交货时限等。

第三节　商务英语业务磋商文书的写作

一、资信调查

（一）主要内容

资信调查函的内容一般包括以下几个方面。

（1）先提对方的名称和地址。

（2）再述其与我方的关系，申明调查原因。

（3）允诺绝对保密，不损害对方的信誉。

（4）谢词。

复函应包括：

（1）表示已收到对方的查询函。

（2）告知有关所询公司的情况。

（3）要求对所提供的资料予以保密。

（二）写作建议

撰写资信调查信函应注意如下几个方面。

（1）说明对方公司的名称、地址及与本公司的关系。

（2）表示绝对保密，不损害代为调查机构的权益。

（3）表示谢意。

对于资信调查的复函，也应注意如下几点。

（1）如实反映情况，并表明自己的看法。

（2）希望所提供的情况能有所帮助。

（3）提醒对方绝对保密，自己不负任何责任（一般不提及被查询商行的名称而用"有关商行"）。

此外，查询资信情况及其复函的信封上皆应标上机密（confidential）字样。

（三）格式与范例

1. 资信调查书信格式

开头部分：告知如何获得对方的名称和地址。

承接部分：写明咨询的内容。

结尾部分：表示对所提供的资料严予保密并表示谢意。

2. 复函的结构

开头部分：已收到对方的查询函。

承接部分：告知有关所询公司的情况。

结尾部分：要求对所提供的资料予以保密。

（四）常用表达法

Messrs. J. M. Shneider & Co. have recently written to us that they are the leading importers in Germany and wish to establish business relations with us in the line of machine tools. As we know nothing about the company we should be obliged to you if you would get for us some information about this company.

司奈特公司最近写信告诉我们，他们是德国的大进口商，希望在机床业务方面与我们建立业务关系，因为我们对该公司情况不了解，你方如能为我公司获取有关该公司的资料，我们将不胜感激。

We should appreciate it if you could obtain for us all information about the financial and credit standing of Messrs. James Neil &Co. in London. The reference they have given us is their bank, Hong Kong and Shanghai Banking Corporation.

我们想请你们代为查询一下伦敦一家商行的财务和信用情况，他们是 Messrs. James Neil &Co.，他们的银行是香港汇丰银行。谢谢！

The firm, which we intend to trade with, has referred us for their business standing and credit.

我们将与之进行业务往来的商行要求我方向贵行了解他们的商业地位和信誉。

We shall appreciate it very much if you will furnish us with your opinion on the financial status and reliabilities of the company.

如你们能对该公司的财务状况和可靠性提出建议,我方将不胜感激。

二、询盘与回复

（一）主要内容

询问函包括:

（1）若是首次询盘,先说明是怎样获得对方的名称和地址的,然后说出对这家公司感兴趣的商品,并要求对方寄来商品目录及价目表等。

（2）介绍本公司情况,提及本公司的经营范围,说明上述感兴趣的商品为什么会有销路,强调报价要合理且具有竞争性,并暗示若价格合理,今后可能大量订购。

（3）询问对方可以给予的折扣条件、付款方式及交货的可能时间。

（4）表明订货的可能性。

回复函应包括:

（1）表示已收到对方的询价函。

（2）告知所索取的商品目录、价目表、样品等已寄出。

（3）提供可供货的详细情况,介绍该商品的优点。

（4）强调所报价格的合理性和富于竞争性,并明确说明对方可得到的折扣。

（5）说明你要求的支付方式及能提供的发货服务。

（6）提及本公司的业务范围及在别处的销售成就,并指出这一点对对方的重大意义。

（7）表达对及早收到订单的希望。

（二）写作建议

询盘函最好使用事由标题,以使询盘的内容一目了然,便于对方回复。具体的询价函,如要求报来价格和交易条件,就需要长一些,而且必须清楚、精确。如果你对预备购买的商品心中已有了最低的限价,千万别透露,否则卖方会把自己的价格提高到你所透露的限价。

收到询盘函就意味着有了做成生意的机会,所以对于对方的询盘应迅速(两日内)、客气而有针对性地答复。回函的内容应尽量完整,特别是在报盘的时候,既省时又说明你很重视对方来函。回函时必须明确地说明你不但能提供对方需要的商品,而且交易条件比其他供应商优惠,质量比别家好。回复函必须精心筹划,讲究措辞,以便使你想提供的信息在询价人收到的答复中更加突出、明确。如遇没货,不应简单处理而要采取积极主动的态度,可在交货期上做文章,或向对方推荐类似的产品,或请对方看看你方的商品目录,也许对方会对目录中的其他产品感兴趣,即使这些不能使对方满意,也会使其喜欢这种服务态度。

(三)格式与范例

询问函的结构:

开头部分:对于相识已久的老客户,开头不妨告知你所感兴趣的商品;对不相识的新客户,表达希望建立贸易关系的意愿。

承接部分:请求寄送目录、价目单、样品、交易条件以及该交易的前景等。

结尾部分:请求对此询价给予关注并盼早复。

复函的结构:

开头部分:感谢对方的询价。

承接部分:回答有关询问,告知随函附寄的资料,如目录、价目单、样品等;提出交易条件,如可供产品的数量、质量和装运期;为了引起买方的兴趣,指出该产品的市场情况;如遇没货,向对方推荐类似的产品。

结尾部分:表示希望所提供的信息有用,并欢迎对方再次来函,愿进一步提供服务。

例如:

Chinese Textiles Import and Export Corporation

180 Chang*an Road, Beijing 100000, China

Tel: 010-64000000　　Fax : 010-64000001

September 5 2008

Australian Textiles Imp. & Exp. Corp.

2456 Empire Road, Sydney

Australia

Dear Sirs,

Wool Material

We are please to learn from the Australian Embassy that you are a leading company in Australia exporting wool material.

There is a growing demand for wool material in this market and we are hoping to be the first to introduce this product in our district.

We would be pleased if you could send us your catalogue, pricelist together with any samples you can supply. We would also appreciate it if you could tell us the terms of payment with which you do business with others.

We look forward to receiving your letter soon.

Sincerely yours,

Manager
Purchasing Department

三、报盘和还盘

（一）主要内容

报盘：

（1）对询价表示感谢。

（2）价格、折扣和支付条款的细节。

（3）说明价格包含的内容（如包装、运费和保险等）。

（4）对交货期的承诺。

（5）报盘的有效期。

（6）最后表示希望该报盘能为对方接受。

还盘：

（1）对卖方的报盘表示感谢。

（2）对未能接受报盘表示歉意。

（3）说明未能接受的原因并对报盘提出更改意见。

（4）表示希望还盘能为对方接受。

（二）写作建议

从我国进出口业务的实践来看,发盘报价对磋商成败至关重要,对此我们必须慎之又慎。发盘即是订购的意思表示,其内容必须明确无误,避免使用意义含糊的词语。一般应包括交易的主要条件,如品名、数量、品质、规格、价格、包装、交货期、支付条件等。对上述内容要详加说明,不能模棱两可。

（三）格式与范例

报盘函的结构：

开头部分：感谢对方的询盘,介绍销售条件和价格,说明是实盘还是虚盘。

承接部分：强调此项交易的好处,对商品和价格给予适当评价,也可补充介绍公司其他商品以吸引买方的注意。

结尾部分：表示希望收到买方订单的愿望。

还盘的结构：

开头部分：感谢对方的报盘。

承接部分：如交易条件合适的话可以还盘;阐述不同意的交易条件及原因,提出自己的意见;不能接受表示歉意。

结尾部分：建议今后的合作机会,盼早复。

例如：

Tainan Trading Co., Ltd.

10 Cheng Kung Road, Tainan, Taiwan

Tel：62-34782349　　　Fax：62-3478348

May 6 2009

New Asia Inc.

Miwon Building,43 Yongdungpo-ku Seoul

South Korea

Dear Sirs,

Thank you very much for your letter of April 28. We are pleased to send you samples and all necessary information on Blanket Cover under separate cover.

At your request, we are pleased to make you an offer, subject to our final confirmation, as follows:

Commodity: "olden Cock" Brand Blanket Cover No. 21

Size: 180cm x 200cm

Color: All kinds of colors

Quantity: 1 000 pcs

Price: £ 15 net each piece CIF London inclusive of 3% commission

Shipment: During August/ September

Payment: By 100% confirmed, irrevocable letter of credit in our favor payable by draft at sight to reach the sellers one month before shipment, and remain valid for negotiation in China till the 15th day after shipment.

As you will realize from the catalogue we sent you that our Blanket Cover is a perfect combination of warmth, softness, easy care, we are sure that you can get benefit from our products.

We look forward to your prompt reply.

Yours faithfully,

Jin Baicuan

Manager

Export Department

四、订购与回复

（一）主要内容

订单一般包括以下七项主要内容：商品名称与品质、数量规格、价格、包装方式、装运条件、付款条件、替代商品。另外还有订单号码、日期与负责人签字。

卖方收到订单后要及时进行确认，表示接受或拒绝。这类函的内容一般包括以下几个方面。

（1）对订单表示高兴和表示感谢。

（2）订单中的交易条件并加以确认。

（3）所订货物的品质、价格等方面加以有利的说明。

（4）认真执行订单。

（5）更多订单。

（二）写作建议

订单的主要特点是准确与清楚。不允许出现打印、抄写或数字方面的错误；不允许模棱两可与含糊不清，否则在履行时会发生纠纷与争议。

卖方收到订单后必须回信确认，有的则用印刷好的销售合同或销售确认书回复。撰写订货确认信时，应注意以下方法和技巧。

（1）开头应感谢对方的订货，如果决定接受的话，还应在第一段把这个好消息告诉对方，因为这是对方急切等待的。

（2）内容要准确无误，对订货数量、交货期、货款金额等重要数据要进行确认。

（3）如果对方所订货物短缺的话，也应马上回信说明原因，如 high popularity, great demand 等，这种解释有利于促销。

（4）如果不能按客户要求的时间交货，应告诉客户可能的交货期，并强调公司在为尽早交货所做的努力。

（5）如果无对方要求的货而有类似的货，可以提议以之代替，但最好避免用 substitute 这个词，因为人们总觉得 substitute 没有被替代品那么令人满意。

（三）格式与范例

订购函的结构：

开头部分：提及在此之前双方之间的联系，如对报价、参观对方展厅、产品示范、产品介绍目录或手册、电话联系等。

承接部分：一般为订购函最长的也是最重要的部分，详细列出订购货物的各项细节，如数量、等级、尺寸、重量、颜色、产地、型号、材料、特征、附件和价格，虽然并非所有订购均需对这些内容加以说明，但是说明时应按照这一顺序。

结尾部分：应注明付款方式及折扣、预计的交货日期、运输方式等。

接受订单函的结构：

开头部分：感谢对方订货。

承接部分：表明将按照对方要求执行订单。

结尾部分：再次感谢对方或表示尽力完成订单的要求。

拒绝订单函的结构：

开头部分：感谢对方订货。

承接部分：拒绝该订单并说明理由；推荐替代品；

结尾部分：期盼回复。

例如：

Dear Madam,

We have the pleasure of confirming your fax of April 17, in which you informed us that you wish to book a repeat order with us.

Much as we would like to expand our business with you, we feel regretful that we cannot at present entertain any fresh orders for the above-mentioned goods, owing to heavy commitments. However, we shall not fail to contact you as soon as our new stocks come in.

Regarding stock Chinese silk goods, we are also enclosing a list for your perusal in case you are interested in any other items. If possible, please do not hesitate to let us know your detailed requirements.

Yours faithfully,

×××

第七章　互联网维度下商务英语写作教学的创新模式探索

在互联网技术支持下,教育领域中出现了很多创新教学模式。教师应用新颖的教学模式,可以取得令人满意的教学效果。在商务英语写作教学中,教师应该与时俱进,尝试使用翻转课堂等教学模式,从而快速实现教学效果。本章就针对互联网维度下商务英语写作教学的创新模式展开分析与研究。

第一节　商务英语写作教学中网络教学模式应用设计过程

一、重塑结构

信息革命、全球化、互联网已打破了原有的社会结构、经济结构、地缘结构、文化结构。教学的结构模式的变化也在悄然发生。随着慕课(MOOCS)、微课等依托网络的新型授课形式的兴起,给商务英语专业学生带来了更多的选择和更加灵活的听课方式。作为商务英语教师,应当善于引导学生利用互联网资源找到合适的学习资料,并能够组织学生进行积极的学习。通过网络资源和新的授课形式不断培养各方面的商务知识和技能,因为很多商务知识可能是在学校的课堂内无法学习到的。

二、连接一切

连接是有层次的,可连接性是有差异的,连接的价值相差很大,但是连接一切是"互联网+"时代的目标。同理,我们的教学在"互联网+"时代也应该做到连接和联系。联系相关行业部门的企业公司、了解最新的企业发展需求动态,更好地服务于我们的教学工作,为培养学生掌握最新最实用的商务职业技能铺路。

"互联网+"时代给老师带来了机遇和挑战。把握时代的脉搏,让学生能够在"互联网+"时代成为一名成功的商业参与人,商务英语专业的老师还需要找准着眼点,跟上时代的节拍,为成功培养新一代的商务英语专业学生艰苦努力。

第二节　商务英语写作教学中网络教学模式综合评价

一、信息化教学评价

(一)信息化教学评价的理念

随着教学评价研究的进展,当前的学习评价在理论和方法上都已呈现出多元化的趋势。各种学习评价新理念,如发展性评价、真实性评价、多元化评价、动态性评价、后现代主义评价等越来越受到关注。

1.发展性评价理念

发展性评价由形成性评价发展而来,它是根据一定的教学目标,运用适当的技术和方法,对学生的发展进程进行评价解释,以使学生在学习过程中能不断认识自我、发展自我和完善自我的评价活动。该理论认为,教学评价要尊重和体现个体差异,以便激发学生的主体精神,促进每个个体最大可能地实现自身价值;评价是与教学过程持续并行而且同等重要的过程,它贯穿于教学活动的每一个环节,是教学活动的有机组成部分,其目标是为了促进学生发展,而并不仅是为了检查学生的表现。因此,发展性评价更加强调以人为本的思想,重视通过评价来发现人的价值,发掘人的潜能,发展人的个性,发挥人的力量。

2.真实性评价理念

真实性评价(Authentic Assessment)是20世纪80年代末在美国兴起的一种新型评价方式,它要求学生运用所学的知识和技能去完成真实世界或模拟真实世界中一件很有意义的任务,并试图用接近"真实生活"的方式来评价学习的成就水平,任务完成的绩效主要通过依据学业标准制订的评价量规来进行评定。真实性评价是对标准化评价方式的有效补充,根据实际需要,教师可以在教学过程中交替使用这两种方式开展学习评价。目前,真实性评价已逐渐从教学评价的边缘走向中心,并成为信息化教学评价的重要理念和方式。

3. 多元评价理念

现代智力研究成果认为,学习能力是多方面的,不同的学生可能擅长以不同的智力方式学习,其知识表征与学习方式有许多不同的形态;学生在意义建构活动中表现出来的并不是单一维度的能力反映,而是多维度能力的综合体现。因此,应该通过多种评价手段来衡量不同的学生,应该针对学习的不同维度综合评价,以便全面反映学生的学习状况和学习成果,并给学生以多元化、弹性化、人性化的发展空间。

4. 动态评价理念

动态评价理论源于苏联著名心理学家维果茨基的社会发展认知理论。相对于传统评价只提供学生在单一时间点上的测验表现或成就信息的相对静态化评价来说,动态评价能够统整教学与评价过程,它兼重过程与结果,兼顾社会介入与个别差异,并通过师生间的双向沟通与互动关系,同时考查认知潜能和学习迁移能力,因此,可以评价与预测学生最佳的发展水准。

(二)信息化教学评价过程

信息化教学与传统教学在评价方面的最大区别,就在于它对学生发展过程的关注和促进。单就评价的一般过程而言,两者并无本质的区别,其一般过程大致可分为评价准备、学习信息收集和整理、学习信息的判断和分析,以及评价结果的形成和反馈等阶段。

1. 信息化教学评价的准备

古人云:"凡事预则立,不预则废。"不难理解,准备阶段是评价实施的预备阶段,准备阶段的工作质量将直接影响评价结果的质量。在信息化教学评价中,除进行传统的相关评价准备外,重点要进行各种信息化评价量规、手段和工具等方面的准备,具体可分为4个方面。

（1）明确评价目的和评价目标。

（2）设计评价量规体系。科学、合理的量规体系是评价取得成功的基础，也是评价结果可信和有效的关键。因此，开展教学评价并对教学现象进行价值判断，必须有一个严密的衡量参照依据，即评价量规体系。通常，评价量规体系的建立应在评价活动开始前进行设计，而且量规体系的设计过程应尽量让学生及家长参与。

（3）确定收集和处理评价所需信息的方法。

（4）设计评价生成工具。

2. 评价信息的收集与整理

在信息化教学评价中，学习信息的收集是指评价者运用科学的方法，系统、全面、准确地收集评价所需学习信息，并将其作为进一步对评价对象进行分析、判断的主要依据。它是教学评价的基础性工作，是评价过程中的重要环节，也是评价过程中最为费时、费力的一项活动。

收集评价信息，首先要明确需要什么信息，其次是确定信息源的数量，还要选择收集信息的具体方法。

（1）应收集的学习信息

在信息化教学评价中，需收集的信息不仅要包括传统评价中用到的各类测试成绩，还要包括学习过程中的相关信息，以及合作伙伴方面的信息等。

①各类测试结果。测试成绩，无论在传统教学评价还是在信息化教学评价过程中都是极其重要的评价信息。但不同的是，在信息化教学评价中的测试结果不仅仅是一个分数，还要包括测试中的各种分析，如学生对知识点掌握的分析、学生在同伴中的相对位置分析等。

②各类评估表。评估表（Assessment Form）是以问题或评价条目形式组织而成的，它主要用于学生的自我评价，也可提供给教师或学习同伴进行开放式评价。信息化教学评价过程中可用到多种评估表，如学习成果评估表、合作或协作小组评估表等。通过各类评估表的收集，可有效地评价学生的反思过程，收集师评、互评资料。

③学习社区积分。社区积分就是学生在"相互对话"与活动过程中的表现信息。其基本内容可包括学习者在学习社区（如学习论坛）中活动情况的记录，如在论坛中的发帖数、回帖数，参与研讨的次数、回答别人问题的次数、精彩论题数等。另外，还有学生个人学习课题的基本档

案,包括文章上传、学习信息的收集、作业提交情况、优秀作品和精华帖的情况等,并按照一定的权重记分。

④学习档案袋。学习档案袋可实现学习过程中信息的收集。其内容包括:"个人信息""学习过程信息""作品信息"和"课程相关项目信息"等。通过此类信息的收集,可为综合性、过程性、对话性、表现性、反思性的评价活动服务。

⑤可参照的评价案例。网络的共享性为评价者进行选择提供了许多可参考的资源,因此,可事先收集一些其他评价过程中完整的典型案例。这样可使评价活动直观易行,但也需要评价者根据不同的分类视角,如成果形式、学习者差异等进行一定的推荐和整理,便于进行同类评价参照。

（2）学习信息收集的方式

在信息化教学评价过程中常用的收集信息的方式有以下五种。

①测验法。测验法就是针对评价对象,运用教育测量理论和方法编制高质量的量表,并施测于评价对象,以获取评价信息的一种方法。同时,在设计测验时应注意同时考虑其信度、效度、难度和区分度等相关因素。在信息化教学评价中,可利用基于计算机和网络技术的电子测验系统进行测验。

②查阅相关资料。查阅相关资料就是对现有的资料进行检索、阅读、整理、统计以及浓缩,从而获取定量和定性的评价信息。在信息化教学评价过程中,可通过网络、计算机技术等检索学生的电子学习档案来获取学生学习过程中的信息,也可通过网络搜索引擎查找相关信息。

③个别访问。个别访问即评价者通过与评价对象面对面的谈话来了解情况、收集资料的方法。现在,除进行面对面访谈外,还可通过建立评价者邮件列表、访谈对象邮件列表、开辟专门的访谈区等方法进行同步或异步的个别访谈。这样,不仅可打破以往面对面访谈时间上必须要求同步的限制,给访谈双方一些缓冲的余地,而且由于彼此不直接见面、匿名的特点,不易在访谈双方之间产生紧张、抗拒、隐瞒等不良情绪,进而保证访谈效果。

④问卷法。问卷法是为了获取较大范围内教学活动的信息,向有关人员分发印好的表格,要求按题作答,然后集中整理统计提供评价信息的方式。当前,为了进一步扩大获取信息的范围、提高问卷收集的效率,常将问卷以网页的形式生成发布。而且,接受调查也可直接通过浏览器

填写问卷。这样做的优点在于免去传统方式下邮寄的时间、费用,提高有效问卷的比例,统计方便;免去很多人为的处理环节,比较容易获得真实的信息。

⑤观察法。观察法就是在深入评价的自然场景中去实际观察已发生和正在发生的事情,从而获取评价对象信息的方法。通过现场观察,可以使评价者了解学生学习所处的现实环境,获得第一手信息,消除头脑中的旧观念和旧看法,还可以发现一些平时没有注意到的问题。尽管通过网络进行的观察在技术上可以实现(如视频会议),但目前由于成本等方面的原因,观察法的远程实施相对比较困难,还只能由专人进行现场观察。

(3)评价所需学习信息的初步整理

利用上述信息收集技术获取的各类资料并不是都有用,有些隐含"水分",有些无法直接进行处理,因此,必须经过整理才能进入分析处理阶段。学习信息的整理是根据评价对象的本质特征,评价活动的目的、任务以及统计分析时所用统计方法的可行性,将所获得的信息进行分组归类。它是对评价信息进行归纳整理、简化概括的第一步,为进一步的分析打下基础。

一般来说,所收集的学习信息包括数据信息资料和质性资料。其中对评价数据主要利用统计表、统计图、频数分布表、累积频数分数表等工具进行初步整理。而对于所收集的质性评价资料,则需要对其中遗漏的细节进行及时补充,对简化的内容进行扩展,对不全或错误的记录进行必要的补充或纠正。另外,当原始资料经过初步整理和编号后,需对所有资料进行备份。

二、商务英语写作教学中网络教学模式综合评价的具体策略

(一)电子测试系统

一个完整的电子测试系统,实际上就是将计算机应用于传统的测验全过程。其工作流程包括题库建设与管理、智能组卷、考试、评卷、试题分析(包括试卷、试题和学生分析)等环节。试题分析的结果,一方面对下一轮的教学提供参考;另一方面要对原题库不合适的内容进行修改、增加、删除等调整工作,从而构成一个循环过程。

1. 题库建立和维护

题库是按一定的教育测量理论,在计算机系统中实现的某门课程试题资源的集合。当前,题库既可以在独立计算机系统中实现,也可借助网络技术形成网络题库。一个题量充分且经过精心组织的试题库是整个系统的基础,它决定了系统可能考试的科目和题型,还包含考试的全部试题及试题的所有相关属性(如知识点、分数、题干、选项、答案、难度系数、区分度系数、知识点等)。因此,在电子测试系统中,题库一般要事先建立,而且要能根据实际需要对题库中的试题进行添加、编辑、删除和查询等。

2. 智能组卷

首先根据测试目的,教师通过浏览器输入相应的组卷参数(如题目数量、总分、平均难度、平均区分度、参加考试的学生等);然后系统按一定的组卷策略自动从试题库中抽出相应试题,组成符合要求的试卷。另外,为保证所选试题能满足教师的特殊需要,电子测试系统还应支持教师的手工组卷,即教师逐个选择所需题目,组成试卷。

3. 测试过程控制

测试过程控制主要是完成对电子测试过程的控制,如远程实时监控,在需要时锁定系统、不允许学生进行与测试无关的浏览、控制测试时间、到时自动交卷等。

4. 试卷评阅

阅卷评分分为自动阅卷评分和人工阅卷评分,自动阅卷评分是针对客观题,如选择题、填空题、判断题等,学生完成考试后,由系统自动评分并将分数记录到数据库中;人工阅卷评分是针对主观题,如名词解释、简答题、论述题等,学生结束考试后,由教师在线阅卷评分,并记录到数据库中,再将客观题分数和主观题分数相加作为学生的总分记录到数据库中。

5. 测试结果分析

测试结果分析包括学生成绩分析、所组试卷分析和题库中各试题的分析等。其中,学生分析是针对学生在某门课程的各次考试成绩进行的分析,包括其总得分、各题型得分、本次考试的平均分等;试卷分析是针对每一份试卷进行的,包括每份试卷的平均分、最高分、最低分、得分分布情况、整份试卷的信度和效度分析等;每一试题的分析则包括使用次数、答对人数、实测难度、实测区分度等。

6. 学生成绩和分析结果的报告

电子测试系统一般能对客观题测验进行自动评阅,并实现对答题情况的即时反馈。对于主观题,则是先提供即时的参考答案,待教师评阅完成后再给予具体答题情况和得分的反馈。

（二）表现性评价

1. 表现性评价的内涵

表现性评价（Performance Assessment）通常也称绩效评价,它是通过观察学生在完成综合性或真实性任务时的学习表现来判断其发展过程和结果的评价方法。主要包含三层含义:第一,学生必须自己创造出问题解决方法（即答案）或用自己的行为表现来证明自己的学习过程和结果,而不是选择答案;第二,评价者必须观察学生的实际操作或记录学业成果;第三,评价必须能使学生在实际操作中学习知识和发展能力。

表现性评价既可以评价学生在完成任务过程中所表现的行为与心理过程,也可以评价任务中所涉及的内容和完成任务的结果。其核心在于被评价者所执行的任务与评价目标的高度一致性。它不仅将综合思考和问题解决联系起来,而且还让学生在合作中解决真实性或与现实生活相类似的问题,从而使教学更具有现实意义。

比如,要评价学生在计算机应用方面的某一能力,就应该让学生利用计算机来完成相应的设计或实践任务,在任务完成过程中观察学生的各种表现和结果,而不是让学生在试卷上回答操作步骤、程序方法等。作为一种新型评价方式,表现性评价与传统测验的区别主要体现在任务真实性、复杂性、所需时间和评分主观性等方面。

2. 表现性评价的常用方式

（1）演示

演示是一种按照规定的要求进行操作的能力表现,学生可借助演示过程展示其能够运用知识和技能来完成一项特定的复杂任务。它通常指向展示学生技能的运用过程或熟练程度,而不是指向学生的思维过程或知识陈述。演示任务通常是定义良好的学习问题,学生和评价者一般都了解完成演示任务的正确步骤或最佳方式等。

（2）实验与调查

实验与调查也是一种按要求操作的能力表现,学生可以通过设计、实施及解释过程和结果来表现能力。实验与调查可以评价学生是否运用了适当的探究技能与方法,还可以评价学生是否形成了适当的观念框架,以及对所调查的现象是否形成一种基于学科知识的理论化解释等。为评价这些能力,在开始收集数据前评价者应要求学生进行估计与预测,再通过收集、分析数据来展示学习结果,得出结论并进行论证。

（3）项目

项目主要有个体项目与群体项目两种形式,它是指需要学生个体或群体完成的一项探究性任务。个体项目通常用来评定个体综合应用知识技能的探究能力,而群体项目除考查学生的探究学习能力外,主要用来评价学生是否具备适当的合作学习或协同工作能力等。精心编制的研究项目应要求学生能综合应用知识技能解决问题,通过项目研究过程可以对学生综合运用知识的能力作出评价。项目通常需要持续较长的活动时间。

（4）口头描述与戏剧表演

口头描述要求学生说出他们的知识,并以会谈、演讲的方式使用其口语技能,如在语言及语言艺术课程中,许多学习目标集中于语言的流利及交流技能的方式上,而不是内容的正确性上。戏剧表演则是将言语化、口头与演讲技能及运动能力表现结合在一起,如学生可以将他们对虚构人物或历史人物的理解,通过扮演角色将这些人的个人特点表现出来。

（5）作品集

作品集最初是艺术家、摄影师、作家用来收集和展示其作品的,后来被一些教育工作者用作表现性评价的基本方法或唯一方法。学生作品集是学习作品的有限集合,用于展示学生的最佳作品或记录学生在成长过程中的学习成果。通常情况下,用作学习评价的作品集不仅包括学生作品的集合,还应包括判断优秀作品的标准,学生对作品的修改及对作品的自我分析与反思等。

3. 表现性评价的应用设计

（1）明确评价目标和标准

首先要根据课程标准和教学内容来构建评价目标和标准。所确立的评价标准要明确、简洁和可操作，而且还要尽量让每个学生都熟悉并能正确理解目标要求和标准量规。

（2）选择评价重点

由于评价的重点不同，表现性评价可分为侧重过程和侧重作品两种。一般来说，表现性任务没有作品要求或者对作品进行评价不可行时，主要侧重对学习过程开展评价，如难以评价作品或评价作品的成本和代价过高，而操作过程具有一定的顺序并可直接进行观察，正确的过程或操作步骤对后续学习或活动的成功至关重要，对过程的分析有助于提高结果的质量等。同样，在某些表现性任务中如果对结果具有明确要求，而且结果比过程更值得关注时，通常以学习作品作为评价重点。

（3）设置表现性任务

表现性任务的选择对学生应具有一定的新颖性和挑战性。要选择那些学生比较熟悉的生活情境或现实问题，以便要求学生在具体情境中综合运用他们所习得的知识和技能。任务设计不仅要对学习目标、评价标准、任务结果、建议策略等做出具体说明，而且还要明确完成任务的时间要求与支持条件。另外，任务设计必须切实可行，要保证学生能有足够的时间、空间、材料和其他资源完成任务，而且为完成任务所需的知识和技能都能在学习过程中获得。至于任务数目的多少，则主要取决于评价的范围大小、目标的复杂程度，以及完成每项任务所需的时间和可用的资源等因素。

（4）收集信息资料

在日常教学中对学生的观察往往并不系统，而且缺乏对观察结果的正规记录。因此，难以为评价学生的复杂表现提供全面、客观的信息。表现性评价是在具体的任务情境下来观察和记录学生的表现和结果，它通常需要使用行为检核表或评价量规表等观察并记录学习过程的系统化信息，并且与日常教学中的非结构化观察有机结合，以保证既能收集到与评价目标直接相关的信息，也能收集其他有价值的信息和资料。另外，必须正确定位教师在表现性评价中的角色。教师在表现性评价活动中不再是"权威"，而且更应成为学习评价活动的促进者、指导者、管理者及任务开发者。

（5）形成评价结论

在形成评价结论时，应参考多种评价资料，从多维度、多层次对学生的表现进行综合评价；定量评价和定性评价相结合，既要关注学习过程，也要关注学习结果。表现性评价鼓励学生本人参与评价过程，将个人自我评价与小组相互评价相结合，以促进学生的自我反思和提高。

根据学生的表现，参照评价目标和标准，结合学生自身的因素和环境因素，以发展的观点指出学生的优势和不足，并提出有针对性的改进建议。作为教师，应当从表现性评价中认识到教学已经取得的成果和存在的不足，不断改进教学。

4.评价实施及判分建议

（1）如果时间允许，可以让学生实际开展研究和有关技术实践，并针对学生在不同阶段和不同环节上的表现进行评判；也可以通过纸笔测试方式，要求学生制订详细的研究计划，并对计划考查的各环节的技术操作进行详细解释。

（2）对于学生的实际操作，可根据学生在不同阶段和不同环节上的实际表现依次制订评价标准并判分，最后累计学生在不同阶段和不同环节上的表现得出总分。

（3）如果希望考查学生活动过程的质量，可以围绕学生在活动过程中的规划意识和规划能力、学习态度和参与意识、投入程度、交流能力与合作精神、问题解决能力等制订面向活动过程的评价指标。

第八章 多模态理论维度下
商务英语写作教学

多模态理论提出以后,逐渐被人们应用于多个领域。将多模态理论应用于商务英语写作教学,有一定的科学依据。本章主要研究多模态理论维度下商务英语写作教学的相关内容。

第一节 商务英语写作教学中多模态符号教学模式

一、多模态教学模式概述

学生通过个体的视觉、听觉、触觉、嗅觉和味觉这五种感官来感知世界,这种通过各种感官跟外部环境之间的互动方式即为模态。在学生个体五种感官渠道的支持下,会产生五种交际模态,包括视觉模态、听觉模态、触觉模态、嗅觉模态和味觉模态。在实际的课堂教学过程中,通过多种渠道、多种教学手段,能够更好地调动学生的多种感官协同运作,以此达到加深学生印象、强化记忆的目的,此教学方法为多模态教学模式。

二、多模态教学模式在商务英语写作教学中应用的意义

在商务英语写作教学中,网络技术与大数据技术的作用日益凸显,可以说这些技术改变了教育的理念与方式。在大数据背景下,商务英语写作教学应该充分利用网络与多媒体技术,将多种符号模式如图像、语言、网络等融入教学中,利用多种模态将学生的各种感官激发出来,调动学生的学习积极性。

商务英语写作是多种学科中的一项重要的公共基础课,但是对于大部分学生来说,传统的英语课堂是非常枯燥的,导致他们的学习效果也不理想。当前,随着网络与大数据的出现,在一定程度上突破了教学的界限,采用音频、视频、微信等资源开展商务英语写作教学,这为商务英语写作教学注入了新的活力,也为学生增添了学习的自信心与动力。

在商务英语写作教学中,对网络资源的合理运用可以刺激各种感官,让学生参与到学习之中,更深层次地理解英语词汇、语法、语言学等知识。学生只有成为商务英语写作课堂的主人,主动积极地探索知识,才能学会知识。

另外,在传统的商务英语写作教学中,教师提供的信息是非常有限的,很难与学生的个性需要相符合,多模态化网络的融入,可以解决教师的这些问题,教师可以利用大数据资源为学生创设真实的平台,让学生调动多方感官,自主、轻松地提升个人的语言能力。

第二节　基于多模态理论的商务英语写作教学的实施

一、商务英语写作多模态互动教学的基本原则

(一)主体适配原则

教师与学生处于教授与学习的主体地位。

就教学层面而言,教师在对多模态符号进行收集与整理的过程中,应该转换自己的身份与角度,尽量从学生的视角出发对多模态符号内容进行选择。例如,所选择的动画、图片等要与当代大学生的认知规律、兴趣爱好等相符合,这样才能使课堂更具有吸引力,进而便于教师展开教学工作。

就学习层面而言,学生需要在接收到 PPT 的模态符号之后,将自己的感官调动出来。例如,当教师在 PPT 上播放听力材料时,学生需要将自己的听觉感官调动起来;当教师在 PPT 上展示图片等内容时,学生需要将自己的视觉感官调动起来。

一般情况下,坚持主体适配原则,对于构建多模态的互动教学模式,提升师生之间的默契度非常有益。

（二）阶段适配原则

英语学习本身是一个循序渐进的过程,阶段不同,学生的水平与理解能力必然也不同。为了更好地将多模态互动教学的优势体现出来,教师在运用这一策略时需要坚持阶段适配原则。

也就是说,教师要从实际出发,对模态组合的形式与教学模式进行不断的调整。例如,听力部分是商务英语写作四六级的重要测试内容,也是学生英语核心素养培养的一项重要内容。运用多模态互动教学模式展开听力教学时,第一阶段需要根据班级学生自身的水平,选择恰当的听力材料,不宜过难,也不宜过于简单。同时,教师需要提前检查一遍,尤其检查里面的信息是否全面,语速快慢是否适中,问题的设置是否合理等。第二阶段是在听力材料播放时,教师要时刻观察学生的注意力情况,是否出现眉头紧锁等,这样有助于教师对难度加以判断。第三阶段是从听力材料出发来讲解。这一教学模式实现了音频模态、口语模态、文字模态的多方组合。

二、商务英语写作多模态互动教学的构建策略

商务英语写作多模态互动教学作为一种新型教学模式,充满着活力,在大数据背景下必将日趋完善。下面就来具体分析商务英语写作多模态互动教学的构建策略。

（一）充分利用多媒体资源

多媒体技术被引入商务英语写作教学中,是商务英语写作教学的一项重要变革。多模态教学强调将学生的各个感官调动起来,实现英语学习的目标。多媒体课件正是能够将文本、图片、音频、视频相结合的资源,教师如果制作一个多媒体课件,需要精心准备,需要从不同的教学内容与任务出发,搜集各种资料,进而进行整理与设计,制作出符合学生实际的多媒体课件。

（二）建设多模态化英语网络空间

随着网络技术与大数据技术的不断发展,当前我们的"信息高速公路""论坛""校园网"等日益丰富,也被人们熟知,显然,网络时代与大数据时代已经到来。当前,各高校开始对校园网络空间进行构建。网络空间教学指的是师生运用网络平台,展开师生交互活动。他们可以在网络平台上创设实名认证的空间页面,师生在空间平台上进行学习和互动交流。

例如,2015 年河南牧业经济学院创建了网络教学平台系统,这一系统是在 Sakai 教学平台的基础上研发的远程教学系统,该系统采用"引领式再现学习"的理念,通过课程空间、课程大纲与资源、论坛等形式,在师生与学习内容之间建构多元化的交互渠道,将学生的多个感官激发出来,为学生创设虚拟课堂体验环境,从而有效地实施多模态互动教学。

实施英语网络空间教学之后,师生之间可以摆脱时空的限制与障碍,在即时问答、论坛等多个项目下展开有效的互动,这样不仅加深了教师对学生的了解,还能够使彼此的关系更为融洽。通过网络空间,教师可以批改学生的作业,学生也能够在规定时间内随时将自己的作业提交上去,实现作业的先交先改、及时反馈。这不仅节省了纸张,还为师生提供了一个互动的平台。

当然,网络空间平台发挥作用的关键在于学生能够积极参与,学生需要登录到网络空间中完成作业、书写心得,也可以向其他伙伴分享自己的学习音频、视频等资料,这就让学生真正成为学习的主体。在网络空间平台上,学生将自己的感官调动起来,激发学习商务英语的兴趣,提升自己的学习效果,实现有效学习目的,这也是多模态互动教学有效实施的体现。

参考文献

[1]（加）简·沃特森（Jane Watson）著；鲁刚译.商务英语写作指南 [M].上海：上海世界图书出版公司,2004.

[2]（美）朱著；葛文聪译.商务英语写作100主题 [M].长沙：湖南文艺出版社,2015.

[3]（英）Sue Kay 著.实用商务英语写作 [M].北京：北京理工大学出版社,2003.

[4]（英）格林等编.商务英语写作 [M].上海：上海外语教育出版社,2015.

[5]（英）玛丽·达斯塔·特纳,（英）罗伯特·路易斯·亚伯拉罕森著,刘舟,赵毅译.商务英语写作 [M].西安：世界图书出版公司西安公司,1997.

[6]（英）尼克·斯特克著；王青译.商务英语写作王 [M].长沙：湖南文艺出版社,2017.

[7] 安然,孙继红.实用商务英语写作 [M].北京：国防工业出版社,2008.

[8] 边毅.商务英语写作 [M].北京：北京交通大学出版社,2007.

[9] 曹硕,张萱,王慧莉.实用商务英语写作情境100+[M].北京：中国宇航出版社,2018.

[10] 常玉田.国际商务英语写作 [M].北京：中国对外经济贸易出版社,2002.

[11] 常玉田.商务英语写作 研究生 [M].北京：对外经济贸易大学出版社,2011.

[12] 陈丁合.实用商务英语写作 [M].南昌：江西高校出版社,1994.

[13] 陈珞瑜.高级商务英语写作 [M].武汉：武汉大学出版社,2013.

[14] 陈桃秀.商务英语写作（第2版）[M].北京：对外经济贸易大

学出版社,2013.

[15] 陈习东,廖莎,刘斌.商务英语写作实务[M].天津:天津大学出版社,2018.

[16] 陈振东.商务英语写作教程[M].北京:对外经济贸易大学出版社,2017.

[17] 戴丽琼,丰瑾.实用商务英语写作[M].南京:东南大学出版社,2014.

[18] 董晓波.商务英语写作[M].北京:对外经济贸易大学出版社,2011.

[19] 董晓波.商务英语写作(第2版)[M].北京:对外经济贸易大学出版社,2016.

[20] 董晓波.实用商务英语写作教程(第2版)[M].北京:北京交通大学出版社,2014.

[21] 冯莉.商务英语写作[M].长春:吉林出版集团有限责任公司,2010.

[22] 付美榕.现代商务英语写作[M].北京:北京理工大学出版社,2000.

[23] 浩瀚.商务英语写作实战实例[M].北京:北京航空航天大学出版社,2011.

[24] 何光明.新国际商务英语写作(第3版)[M].上海:上海教育出版社,2017.

[25] 何明霞,何康民,严秋宜.实用商务英语写作[M].上海:上海交通大学出版社,2016.

[26] 胡明.商务英语写作[M].广州:华南理工大学出版社,2001.

[27] 黄震华.高级商务英语写作[M].北京:中央广播电视大学出版社,2013.

[28] 康晋,常玉田.商务英语写作[M].北京:对外经济贸易大学出版社,2014.

[29] 雷春林.商务英语写作教程[M].北京:对外经济贸易大学出版社,2008.

[30] 李全福.现代商务英语写作教程[M].天津:天津大学出版社,2012.

[31] 李太志.商务英语写作实例 [M].北京：国防工业出版社，2008.

[32] 李太志.商务英语写作教程 [M].苏州：苏州大学出版社，2009.

[33] 李细平.商务英语写作（第 2 版）[M].北京：对外经济贸易大学出版社，2007.

[34] 林宝珠.商务英语写作 [M].厦门：厦门大学出版社，2010.

[35] 林丹蔚，邱瑞君.实用商务英语写作教程 [M].北京：对外经济贸易大学出版社，2018.

[36] 刘斌，时秀梅.商务英语写作高手 [M].北京：国防工业出版社，2009.

[37] 高现伟.商务英语写作中批判性同伴反馈教学理论与实践 [M].北京：知识产权出版社，2019.

[38] 刘怡，丁言仁.商务英语写作（第 2 版）[M].上海：上海外语教育出版社，2016.

[39] 梅利霞，褚菁玉，张艳华.实用商务英语写作教程 [M].北京：北京交通大学出版社，2016.

[40] 彭春萍，涂沙丽，李萍.商务英语写作技巧 [M].武汉：武汉大学出版社，2006.

[41] 彭玲娟.商务英语写作 [M].武汉：武汉大学出版社，2012.

[42] 石定乐，蔡蔚.实用商务英语写作 [M].北京：北京理工大学出版社，2003.

[43] 滕美荣.现代商务英语写作 [M].北京：首都经济贸易大学出版社，2007.

[44] 王淙，丁晶.商务英语写作实践 [M].北京：中国商务出版社，2014.

[45] 王关富，蒋显璟.实用商务英语写作 [M].北京：对外经济贸易大学出版社，2008.

[46] 王立非.国际商务英语写作 二级 [M].北京：中国商务出版社，2009.

[47] 王茹，李新国.现代商务英语写作实务 [M].北京：对外经济贸易大学出版社，2020.

[48] 王晓光,王家宝.商务英语写作[M].上海:华东理工大学出版社,2008.

[49] 王晓红,毛莉.商务英语写作与翻译[M].兰州:甘肃文化出版社,2008.

[50] 王晓英,杨靖,孙淼.新编实用商务英语写作[M].南京:东南大学出版社,2016.

[51] 王晓英.商务英语写作教程[M].南京:东南大学出版社,2001.

[52] 王永祥.商务英语写作教程[M].北京:机械工业出版社,2009.

[53] 王战平.商务英语写作与翻译[M].武汉:华中科技大学出版社,2010.

[54] 王宗湖.商务英语写作[M].北京:对外经济贸易大学出版社,2006.

[55] 翁凤翔.国际商务英语写作[M].上海:上海交通大学出版社,2015.

[56] 吴尚义.现代商务英语写作[M].北京:知识产权出版社,2012.

[57] 羡锡彪.商务英语写作[M].北京:高等教育出版社,2002.

[58] 杨晓斌.商务英语写作[M].北京:对外经济贸易大学出版社,2017.

[59] 杨晓霞.商务英语写作[M].武汉:武汉大学出版社,2014.

[60] 于雯,孟妍.商务英语写作[M].沈阳:东北大学出版社,2013.

[61] 袁翠,汪瑞.商务英语写作实训[M].北京:对外经济贸易大学出版社,2009.

[62] 袁翠.商务英语写作实训(第2版)[M].北京:对外经济贸易大学出版社,2014.

[63] 张春柏.商务英语写作1[M].北京:高等教育出版社,2000.

[64] 张洁茹,唐玲.商务英语写作教程[M].银川:宁夏人民教育出版社,2010.

[65] 张乐金,陈庆.商务英语写作[M].北京:外文出版社,2007.

[66] 张彦.商务英语写作[M].北京:中国商务出版社,2005.

[67] 郑继正,朱爱秀.国际商务英语写作范例 [M].上海：上海交通大学出版社,2016.

[68] 郑卫,汪文格.商务英语写作 [M].北京：对外经济贸易大学出版社,2010.

[69] 朱惠萍.商务英语写作 [M].北京：首都经济贸易大学出版社,2008.

[70] 朱纪伟.入世商务英语写作 [M].合肥：安徽科学技术出版社,2002.

[71] 朱晓姝,韩杨郁文.新概念商务英语写作 [M].北京：对外经济贸易大学出版社,2010.

结　语

商务活动与商业贸易往来是一种交际行为，与语言沟通与交流有着密不可分的关系。作为国际间展开商务往来的重要语言，商务英语包含国际贸易、国际经济、国际会计、国际金融等多方面的内容。也就是说，商务英语涉及的范围非常广泛。

近年来，世界经济一体化、全球信息化和文化多元化的进一步发展，对商务英语写作也提出了更高、更新的要求。商务英语与普通英语相比，专业性和实用性更强，导致在进行商务英语写作时极易出现错误和偏离其文化背景。因此，在商务英语写作中不仅需要了解商务英语的特点，还要灵活应用，追求中西文化差异下的最佳写作状态，再运用一定的写作技巧，进而保证写作的正确性和准确性。本书的目的，一是为了有效提高商务英语写作者的写作能力，二是为了弥补目前商务英语写作研究的不足，促进商务英语写作研究的发展。

对于商务英语而言，其本质依然是英语，只是将英语运用在商务环境中，是一种能够体现英语社会功能的方式。因此，相关人士不仅要对商务英语写作相关工作的开展给予足够重视，还要对其中存在的文化差异因素进行深入分析，明确了解文化差异因素对商务英语写作相关工作造成的影响，在此基础上，采取多样化的措施将产生的影响最大限度降低。

在进行商务英语写作的过程中，要对不同国家在语言表述方面存在的差异进行重点考虑，将商务英语写作纳入不同环境中，这样才能使商务英语写作的表述能力得到有效提升，将商务英语在沟通方面和交流方面的价值充分呈现出来。对于现代化社会商务英语写作人才而言，不仅要具备较高的专业能力和丰富的专业知识，还要做到与时俱进，不断提高自身对英语语言的使用技巧，不断学习多元化的商务专业知识。围绕商务写作活动中的文化差异因素展开的深入分析和详细研究，我们能够更加明确地了解到,要将重点放在如何培养写作人员跨文化意识与能力方面,将英语、汉语两种文化进行有机结合,使英语、汉语所代表的不同文化元素得到充分体现,既能保留本土文化特点,还能发挥语言写作的神韵。